学校で教えない教科書

面白いほどよくわかる
心理学のすべて

感覚・記憶・思考・情緒・性格…心の謎を科学的に読み解く

防衛大学准教授 浜村良久 監修

日本文芸社

はじめに

この『面白いほどよくわかる心理学のすべて』は、今まで心理学に接するチャンスがなかった社会人や主婦の方、大学で心理学科に進もうかどうしようかと迷っている高校生や中学生の皆さん、子育てが一段落したり、定年退職をきっかけに、もう一度、何か勉強を始めてみようと思っている方々のために作りました。

そういう皆さんが、心理学に興味を持って、初めて心理学の本を読もうとすると、なかなかよい本がありません。確かに、一般向けの心理学の読み物はたくさん出版されています。しかし、これらの本は、できるだけ一般の人に心理学に興味を持ってもらおうと思い、心理学の中で面白そうなところを取り出して書いてあるので、最初から最後まで読んでも、バラバラの雑学的な知識が増えただけのように感じるかもしれません。心理学の全体像はあまりわからないのです。

その点、大学の教養教育の教科書は、心理学の全体像に目配りが行き届いていて、よくできています。しかし、これは大学の先生が授業で説明しながら使うために作られたものですから、授業中に説明すればよいところは最初から省いてあります。本を読んだだけでだれもが１００％理解できるなら、授業は必要ありませんから、これは当然なのかもしれません。また、大学の教科書は、学生に最低限、暗記してほしいと思う基礎的な項目を広く浅く網羅しています。しかし、皆さんはテストのために心理学の勉強をするのではありません。

そこで、この本を作るときに、「心理学とは何か」という心理学の全体像がわかりやすく理解できる本にすることを第一の目標としました。心理学者は何を研究しているのでしょうか。どういう方法で研究しているのでしょうか。なぜその方法を使うのでしょうか。今までどんなことがわかってきたのでしょうか。そして、それはどんなことに役立っているのでしょうか。

第二に、ひとりで読んでも理解できる本にすることを目指しました。これは教科書ではありませんから、わからないところを先生に聞くことはできないからです。

皆さん方は、もしかするとこの本を読んだ後に、これについてはもうちょっと詳しく知りたい、と思うテーマが見つかるかもしれません。そのような場合に、参考にできるようにと思い、巻末に参考文献のリストを挙げておきました。だから、第二の目標は、この本を読んだらもう心理学は終わりというのではなく、興味が次につながるような本を目指したいということです。皆さんがこの本を読んで、心理学のここをもっと詳しく知りたいと思うテーマが見つかったとしたら、とても素晴らしいことだと思います。

2007年7月

浜村良久

目次

面白いほどよくわかる 心理学のすべて

はじめに……1

第1章 心理学は心の科学……15

1・1 心理学とは……16
▼人間の心を理解するための学問＝心理学

1・2 心理学の目的……18
▼多くの人間に当てはまる法則を発見する

1・3 心理学の研究方法①……20
▼仮説を立てて検証する実験法

1・4 心理学の研究方法②……22
▼研究対象をいろいろな角度で観察する観察法

1・5 心理学の研究方法③……24
▼テストの結果から人を理解しようとする検査法

1・6 心理学の研究方法④……26
▼同じ質問に対する多くの回答を分析する調査法

コラム POP心理学1……28
目を見れば相手の心がわかる？

第2章 心理学のあゆみ……29

2・1 心理学のあゆみ①……30
▼ヒポクラテスは性格類型論の祖

2・2 心理学のあゆみ②……32
▼アリストテレスの哲学的心理学

編集協力/有限会社ユニビジョン
本文デザイン/難波 園子
本文イラスト/棚田 直隆
本文DTP/(有)アイエヌジー企画

第1章

心理学は心の科学

1-1 心理学とは

人間の心を理解するための学問＝心理学

人の心を理解するというのは、大変難しいことです。私たちは「自分は今何を考えていて、何をしたいのか」、また「どのようなことを記憶していて、どのような性格を持っているのか」というような、自分自身の心理状態をある程度は把握しています。しかし、これらは私たちが意識している心理のことで、心の底には意識に上らない隠れた心理があります。

また、自分の心の状態についてはある程度理解できても、他人の心の奥底に隠れた心理状態については、想像する程度しかできません。「私は人の気持ちがよくわかる」という人がいますが、それは自分の気持ちをほかの人に当てはめて、わかったようなつもりになっていることが多いものです。自分の心や相手の心を正しく理解できれば、よりよく生きることも可能になるでしょう。

心理学とは、心について科学的に研究をし、人間の心を理解するための学問です。物理学や生物学など自然科学では、観察や実験を通して物質の性質や生物のしくみを調べます。心理学でも同じように、心について実証的に調べていく必要があります。

心理学ではたくさんの人の心理的なはたらきを調べることによって、人間一般に共通する普遍的な性質や特徴を見出そうとしています。現代では、多くの心理学者たちの努力によって次第に人の心が明らかにされてきているのです。

人間の心を理解するには

人間の心

自分で意識できる心理

自分で意識できない心理

心理学とは

心について科学的に研究

検査　観察　実験　調査

↓

心を実証する

心理学 *word book*

心理学の語源

古代ギリシャの神話に出てくるプシュケーという女神が心理学＝サイコロジー（psychology）の語源です。もともとは息を吐くという意味で、ギリシャ人は心を息のようなものととらえていたのです。

1-2 心理学の目的

多くの人間に当てはまる法則を発見する

私たちは日々、職場や学校、家庭内の人間関係や、自分自身の心の問題など、さまざまな心理的問題に直面しています。本当は才能があるのに自分にはないと思って落ち込んだり、本当は相手から好かれているのに嫌われていると勘違いしてしまうこともあります。また、仕事や勉強に行きづまったり、人間関係がうまくいかなくなって不安になることがあります。

これらの問題に対処するには、心のはたらきを客観的に理解する知識を身につけることが大切になります。自分自身の不安定な心理状態を客観的に把握できれば、問題を解決して健全な心理状態を維持することができます。また相手の気持ちを正しく受け取って理解することができれば、対人関係は良好になることでしょう。

心理学の最終目標は、人間の心を理解することです。そしてさまざまな心の問題に対処し、解決するための方法を追究しています。そのためには心理学的事実を発見することが必要です。

人間には個人差があるので、数学や物理学のように、すべての人に共通の法則が当てはまらないこともあります。その場合は、どのような人にはどのような法則が当てはまるという、より詳細な法則を調べなければなりません。これによって、人間の行動を理解し、また予測してコントロールすることが可能になります。人間が生きていくうえで必要な知識を、心理学は教えてくれているのです。

心理学の目的

⬇ 心理学によって

▲ 自分の心を客観視できる
▲ 相手の心を正しく受け取れる

⬇ 予測・コントロール

生きていくうえで必要な知識

心理学 *word book*

パーソナリティ

性格とか人格と訳されていますが、ギリシャ劇で用いる仮面ペルソナ（persona）が語源です。いつもその人の行動を特徴づけている基本的な行動様式を表わすものです。

1-3

心理学の研究方法①

仮説を立てて検証する実験法

心理学の研究は人間の行動を観察し、多くの実験材料から心理的事実を発見することですが、その方法には大きく分けて「実験法」「観察法」「検査法（テスト法）」「調査法」があります。またこれらを組み合わせて、人間の内部に隠れている心理的なはたらきを探っていくのです。

「実験法」とはいろいろな条件を一定にしたうえで、ある条件だけを変化させる方法です。それに対する反応がどのように変化するかを調べます。この方法は繰り返し同じ実験をしても、また別の人が実験をしても、同じ結果が得られるという長所があります。

実験法ではまず仮説を立てます。たとえば「視力がいい人のほうが本を読む速度は速い」という仮説を立てたら、年齢や読書量、国語の成績、知能などがほぼ同じ人を集め、部屋の明るさや騒音などの条件を同じにして、全員が初めて見る同じ文章を読ませるという実験をします。つまり違うのは、視力という条件だけにするのです。なかなか同じ条件の人を集めるのは大変ですが、コンピュータの導入により、本来一定にしなければならない条件が多少違っていたり、少ない人数のデータからでも法則性を導き出せるようになってきています。

実験群という調べたい条件を与える集団（ここでは視力がいい人）と、統制群という条件を与えない集団（視力が悪い人）を作って、その結果を比較する方法を「統制群法」といいます。

実験法とは

仮説を立てる

↓

いろいろな条件を一定にし、ある条件だけを変える

● **長所**

条件を人為的に作って、行動との因果関係を解明できる
反復して測定できる
だれが実験しても同じ結果となる

《統制群法とは》

実験群

↓

条件を与える集団

統制群

↓

条件を与えない集団

結果を比較する

心理学の研究方法②

研究対象をいろいろな角度で観察する観察法

1-4

「観察法」には「自然観察法（現場研究法）」と「実験観察法」があります。自然観察法は研究したい現場へ行って観察したり、対象となる人に質問をする方法です。たとえば5歳児の発達を調べたい場合は、毎日幼稚園や保育園に通って、5歳の子どもたちの様子をビデオなどに記録して、そのデータを分析します。

前項の「実験法」と違って、日常の自然な状況で起こる行動を記録するのが観察法の特徴で、条件の統一ができない場合にも用いることができます。しかし、結論を出すには長期間かかることが多い方法です。

自然観察法には、観察者が気づいた行動を記録していく「逸話記録法」と、一定の観察時間を決め、あらかじめ時刻を設定し、観察項目が観察時間中に現われたときにチェックする「時間見本法」があります。

実験観察法は自然の状態では条件が複雑なので、ある程度条件を整えて観察する方法です。先ほどの幼児の観察を例にすると、調査する側が玩具を用意し、どのような遊び方をするのか毎日決まった時間に1時間観察する、というような方法です。

また観察法にはほかに、ある特定の行動のみに焦点を当てて観察する「事象見本法」、文化人類学や社会学で広く用いられている方法で、観察者が対象となる集団の生活に参加して長期間観察する「参加観察法」などがあります。

観察法とは

自然観察法

［日常の生活場面でのあるがままの行動を観察する］

- 逸話記録法…観察者が気づいた行動を記録
- 時間見本法…一定の観察時間・時刻を設定し、観察行動が現われたときに記録

実験観察法

［観察者が条件を整えて観察する］

- 事象見本法
  ある特定の行動にだけ焦点を当てて観察する
- 参加観察法
  観察者が対象となる集団の生活に参加し、長期間観察する

心理学 word book

個性

個性（individuality）は本来は分割できないもの、ほかのものに置き換えられない独自のもの、という意味がありますが、心理学的な意味は、ある人を他者と区別するような全体的な特徴を指します。自分という人間は世界にただ一人しかおらず、人はだれもが独自で意味のある存在であるという「個性」に気づくことが青年期の発達課題であると考えられています。

心理学の研究方法③

テストの結果から人を理解しようとする検査法

1-5

個人や集団の中で起きる問題の解決を目指すために、臨床での研究には欠かせない方法が「検査法（テスト法）」です。

検査法には知能検査、学力検査、性格検査、社会性検査、職業適性検査など、さまざまな種類があります。

これらの検査で大切なのは、検査をするたびに結果が変わることはないかという「信頼性」、知能や学力など測りたいものを本当に測っているのかという「妥当性」、検査する人の主観によって結果の解釈が左右されることはないかという「客観性」です。

検査法は検査の実施形態によって、検査する人と検査の対象となる人が1対1で行なう「個別テスト」と、多くの人を対象にして同時に行なう「集団テスト」に分けられます。

測定法にも2種類あります。問題を解くのにどれくらいの時間がかかったかという、課題を行なう時間を測定する方法を「作業制限法」といいます。

これとは反対に、一定時間内に何問解けるかという、一定時間内に解ける課題の数を測定する方法が「時間制限法」です。

また回答の形式には、選択肢から回答を選んだり、○×で答える形式の「客観的テスト」と、文章で書いて回答する「文章体テスト」とがあります。文章体テストは、「論文式テスト」とも呼ばれています。

検査法とは

主な検査法

- 知能検査
- 学力検査
- 性格検査
- 社会性検査
- 職業適性検査

など

実施形態

- 個別テスト･･･検査する人と、検査の対象となる人が1対1で行なう
- 集団テスト･･･多くの人を対象にして同時に行なう

測定方法

- 作業制限法･･･問題を解くのにどれくらいの時間がかかったかを測定
- 時間制限法･･･一定時間内に解ける課題の数を測定

心理学の研究方法④

同じ質問に対する多くの回答を分析する調査法

1-6

研究の目的に応じて、調査対象者に質問事項を記入した用紙に回答してもらう方法を「調査法」または「質問紙法」といいます。回答から得られた結果から、統計的な推論のためのデータを収集します。

回答の形式は、あらかじめ設定された選択肢から当てはまるものを選ぶものと、自由に記述するものがあります。質問紙法は、短時間で多くの対象者に実施でき、結果がすぐわかるという利点があります。

ただし、調査対象者の選び方には注意が必要です。対象者を選ぶなら、その人たちが属している集団＝母《ぼ》集団の代表者としてふさわしくなければなりません。たとえば20歳の大学生の職業に対する意識を調査する場合、私立・国公立の割合、文系・理系の割合、地域別の割合などを調べ、これらの要因について、調査対象の大学を母集団と同じ割合にして、かつ無作為（ランダム）に選ばなければなりません。

もし、東大の医学部の学生だけを調査したのであれば、結果は大きく偏ってしまいます。したがって調査対象の数は、必然的に多くなります。このような方法で得られたデータの分析には、コンピュータを使い、統計的手法で整理していきます。質問紙法は実験者の主観が入りにくい点が長所ですが、回答者が意図的に自分を飾って答えることができてしまう点が短所といえるでしょう。

調査法とは

実施形態

［多数の対象者にあらかじめ用意した質問紙を渡し、同じ方法で実施する］

回答形式

- 選択･･･あらかじめ設定された選択肢から当てはまるものを選ぶ
- 自由記述･･･本人の意思で自由に記述する

注意すべき点

- 母集団から無作為（ランダム）に調査対象者を選ぶ
- 質問事項は簡単で客観的なものにする
- 誘導尋問にならないようにする

心理学 *word book*

コンプレックス
スイスの精神医学者ブロイラーによって提起され、ユングによって命名された概念で、中核にトラウマを負っている場合に多くみられ、無意識下で愛憎や嫉妬、期待と恐怖、劣等感、罪悪感など自我を脅かす複雑な感情が絡み合っています。

目を見れば相手の心がわかる?

知ってか知らずか、心理的なテクニックを使って人にものを頼むのが上手な人がいます。相手の目をじっと見つめて頼みごとを言うのです。人は目を見つめられてハッキリ言われると、断わりにくい心境になります。女性がすればさらに効果的かもしれません。

このほかにも女性は、相手をじっと見つめることがあります。それは思っていることを相手に伝えたくないときです。エクスラインによる実験で、真意を隠すよう指示すると、面接官を見つめる時間が男性は格段に下がり、女性は逆に上がることがわかりました。

だからといって、このことから女性が嘘をつくのが上手だと結論づけることはできませんが…。

第2章

心理学のあゆみ

心理学のあゆみ①

ヒポクラテスは性格類型論の祖

2-1

心理学＝psychologyという言葉は、心＝psycheと学＝logosから成り立っています。psycheとlogosという言葉は古代ギリシャから使われていましたが、心理学として使われるようになったのは1520年頃、ユーゴスラヴィアの詩人マルコ・マルリッチの書名として残っているのが、最初とされています。

しかし、心についての考察は非常に古くからあり、シュルツは「今日存在する学問の中で、心理学はおそらく最も古い」と述べています。心理学は古代ギリシャの哲学者たちに、その原点を見出すことができます。

医学の祖といわれるヒポクラテス（BC460～377）は、「血液」「粘液」「黒胆汁」「黄胆汁」をからだを構成する4つの体液と考えました。そして、このヒポクラテスの説に影響を受けたガレノス（130～200）は、これらに対応する4つの気質を、「多血質」「粘液質」「憂うつ質」「胆汁質」としました。ガレノスの説は後に科学的根拠がないことが明らかになりましたが、この考えは後の心理学の「性格類型」に大きな影響を与えています。またヒポクラテスは、呼吸によって体内に取り入れられる「精気」を生命や心の担い手とする「精気説」を唱えていましたが、この考えの影響は、アリストテレス（BC384～322）やガレノス、中世の哲学者たち、近世の哲学者のデカルト（1596～1650）まで及んでいます。

心理学の起源は古代ギリシャ

からだを構成する4つの体液

- 血液
- 粘液
- 黒胆汁
- 黄胆汁

ヒポクラテス(BC 460－377)
古代ギリシャの医者で、医学を原始的なものから科学的な医学へと発展させたことから、「医学の祖」「医学の父」と呼ばれる。病気は4種類の体液の混合に変化が生じたとき起こるという説を唱えた。

ガレノスによる類型説

根	物質的性質	体液	気質	性格的特徴
火	温	血液	多血質	陽気な
水	湿	粘液	粘液質	鈍重な
土	冷	黒胆汁	憂うつ質	うっとうしい
空気	乾	黄胆汁	胆汁質	怒りっぽい

心理学のあゆみ②

アリストテレスの哲学的心理学

2-2

　科学としての心理学が成り立つ以前、哲学の中には、心理学的な思考が多く存在していました。ピタゴラスやソクラテスはじめ古代ギリシャの思想家や哲学者たちもさまざまな観点から、心について考察していたのです。

　プラトン（BC427〜347）は、心のはたらきを人間に生まれつき備わっている生得的なものとしていました。この考えを「生得説」といいます。

　プラトンの弟子アリストテレスは、最初の心理学書『デ・アニマ』を著しました。アリストテレスによると、心についての概念は生命の概念と不可分なものであるとしていました。心のはたらきは身体を通して初めて具象化されると考え、また、「心は文字の書かれていない黒板のようなものだ」と言っています。

　アリストテレスは、人間のみならず、植物や動物にも心は備わっていると唱えています。植物の心は栄養と生殖、動物の心は感覚と運動、そして人間の心は理性的思惟《しい》のはたらきを持つという3種の心を説いています。動物は理性的思惟以外の2種の心を持ち、人間は3種すべてを備えているとしました。

　その後、西洋思想に大きな影響を与えた古代キリスト教の神学者アウグスティヌス（354〜430）は、心の属性を思惟に求め、物の属性をその延長にあるとして、心と物を区別する「物心二元論」を唱えました。

哲学的心理学の発展

「心のはたらきは、生まれつき備わっているもの」

生得説

プラトン（BC 427－347）
古代ギリシャの哲学者。ソクラテスの弟子でアリストテレスの師。アカデメイアという学校を開いたため、プラトンの後継者をアカデメイア派という。

「心は文字の書かれていない黒板のようなもの。心は身体を通して初めて具象化される」

経験論

アリストテレス（BC 384－322）
古代ギリシャの哲学者。プラトンの弟子。多岐にわたる自然研究の業績から「万学の祖」と呼ばれる。中世のスコラ学に影響を与えた。

「心の属性は思惟」

物心二元論

アウグスティヌス（354－430）
古代キリスト教の神学者、哲学者。真実を知ることは神を知ることであるが、それは内省によってのみ到達できるという「内省主義」を唱えた。

心理学のあゆみ③

デカルトから経験論の哲学者ロックまで

2-3

近世哲学の祖デカルトは、プラトンと同じく「生得説」を唱え、心は人間にのみ経験される意識的事実としています。また、身体は物の世界の法則で支配される、自動機械だといっています。

ただし、心と身体には相互作用があり、神経の中を循環する「動物精気」が脳の中にある松果腺を刺激することによって、精神現象が起こると考えました。そして火のそばから足を引っ込めるといった「反射運動」は、この動物精気や神経の中を通っている細い糸だと仮定して機械論のように説明しています。

デカルトのあと200年の間、心理学はイギリスではデカルト的な学問として、自然現象を中心に研究されました。

デカルトの「生得説」に対して、「経験説」を唱えたのがイギリスの哲学者ロック（1632～1704）です。ロックは「人間は生まれたときは全くの白紙（タブラ・ラサ）であるが、いろいろな経験をすることによって徐々に心がつくられていく」と考えました。

心に関するとらえかたが、デカルトはプラトンの説に近いものですが、ロックはアリストテレスに近い説を唱えたのでした。

また、「観念の連合」という考えを提唱し、単純な観念の連合によって複雑な観念が形成されるとして、心的過程を説明する「精神化学的発想」を確立していきました。

近世の心理学

ルネ・デカルト(1596－1650)
フランス生まれの哲学者・自然科学者・数学者。哲学史上有名な「我思う、ゆえに我あり」という命題を残した。「近代哲学の父」と称されている。

プラトンの「**生得説**」
アウグスティヌスの「**物心二元論**」の立場
「心や精神の存在は、物質や身体の存在とは別の意味で確実に存在している」と証明

ジョン・ロック(1632－1704)
イギリスの哲学者・社会契約論者・ピューリタン信仰者。著書『人間知性論』の中で「心がもともと文字が書かれていない白紙であると仮定してみよう」と述べた比喩は有名である。

アリストテレスの「**経験論**」の流れ
「経験を知る前の心は白紙のようなものである」

精神化学的な発想へ

心理学のあゆみ④

ウェーバー、フェヒナー、ヘルムホルツによる研究

2-4

19世紀半ばになると、科学としての心理学が成立していきます。その発端はウェーバー（1795〜1878）、フェヒナー（1801〜1887）、ヘルムホルツ（1821〜1894）といった物理学者や生理学者たちの、感覚に関する研究でした。

19世紀初め、神経生理学の分野で、感覚や運動に関するいろいろな事実が明らかになりました。ヨハネス・ミュラー（1801〜1858）は当時の生理学の集大成として『人間生理学ハンドブック』を編集し、そこには記憶や思考、感情など、心理学に関わる学説も収録されていました。

このミュラーに師事したのがヘルムホルツで、感覚生理学の確立に大きく貢献し、「色彩感覚における3原色説」や「聴覚における共鳴説」などを発表しました。彼の心理学説は経験論の立場でした。

また、1840年代ライプチヒでは、ウェーバーが触覚の研究をもとにして「ウェーバーの法則」を見出しました。

この法則を一般化したのがフェヒナーによる「フェヒナーの法則」です。さらにフェヒナーは、感覚と刺激の間の量的関係を測定するための具体的な手続きを体系化して、「精神（心理）物理学的測定法」の基礎を築きました。これらの研究の上に、ヘルムホルツの後輩であったヴントが心理学を成立させたのです。

心理学＝科学の時代

● ヘルムホルツの「色彩感覚における3原色説」
1801年にイギリスの物理学者ヤングによって提唱された色彩理論を発展させて、網膜に興奮特性が異なる3種の神経を仮定した。これはのちに生理学的に実証された。

● ウェーバーの法則
いろいろな重さのおもりの中から2つのおもりを比較して、その重さの違いを弁別（識別）できる最小の差異＝弁別閾を測定した結果、標準の重さが増えると、弁別閾もそれに比例して増える。100gと比べて103gがようやく弁別できたとすると200gでは206gのおもりになってようやくその違いが弁別できる
標準の重さをw、弁別閾を⊿wとすると

$$\frac{\Delta w}{w} = 一定$$ の関係が見出された

● フェヒナーの法則
感覚の大きさ（γ）は刺激の強度（β）の対数に比例して増大するという、刺激と感覚の関数関係を示したもの

精神物理学的測定法の基礎を築いた

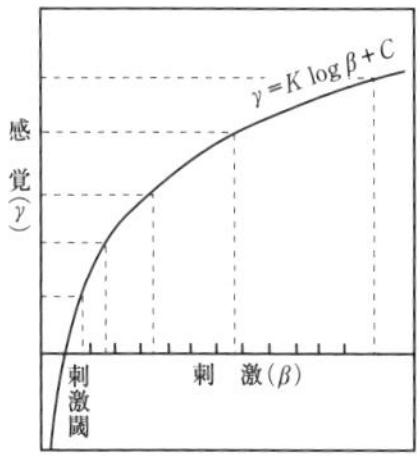

心理学のあゆみ⑤

ヴントの実験心理学

2-5

1879年は「科学としての心理学の誕生の年」といわれています。それはその年にヴント（1832〜1920）が、ドイツのライプチヒ大学に心理学実験室を開設したことに由来しています。ヴントは心理学を哲学や自然科学とは異なる研究領域としてとらえました。そして直接経験したり意識したりする部分、つまり心の中の実際に観察できる部分を実験によって確かめる「内観法」を作り上げました。

彼は実験による感覚の研究をベースにして、意識を掘り下げて考えることを目的としていました。そして実験室を整備するとともに多くの著作を残し、たくさんの弟子たちの育成にも努めたのです。これによりヴントは「実験心理学の父」と呼ばれるようになったのです。

このような心理学の発展の背景には、心理学的な研究を必要とする現場があったことが挙げられます。それは「教育」と「法」の現場です。

この時代の教育現場は、子どもたちの実態を理解したうえで教育を行なうという風潮がありました。また、法の場でも刑罰の根拠をどこに置くかという問題を抱えていました。人間の心理的性質を把握する必要があったのです。

しかし、ヴントの心理学は19世紀末から20世紀初めにかけてさまざまな批判を受けてしまいます。そのなかで、フロイトの精神分析学、ワトソンの行動主義、ゲシュタルト心理学という大きな三つの流派が生まれます。

ヴントの功績

ヴィルヘルム・ヴント
(1832—1920)
ドイツの生理学者・心理学者。ヘルムホルツの助手をつとめたあと、哲学的心理学とは異なる実証的な心理学を構想し、ライプチヒ大学に世界初の心理学実験室を開設した。

- 世界初の心理学実験室を開設
- 民族心理学を精神発達の視点から体系化しなおした

《心理学の展開》

ヴントの実験心理学

フロイトの精神分析学 → 40ページ参照

ワトソンの行動主義心理学 → 42ページ参照

ドイツの心理学者によるゲシュタルト心理学 → 44ページ参照

心理学のあゆみ⑥

フロイトの精神分析学

2-6

ウィーン大学で生理学と心理学を学んだフロイト（1856〜1939）は、精神科医として患者の治療に当たっていましたが、フランス留学後『ヒステリーの研究』を書き（1895年共著）、精神分析学の道を歩き出しました。

フロイトは「意識できることだけが心の機能ではない、心には自分でも意識できない無意識の世界があり、それが人間を動かすエネルギーになっている」という説を主張しました。そして社会や文化の出来事の多くが、無意識の欲望や感情によって支配されていることを説明したのです。1900年に『夢判断』を出版すると、世間からも大いに注目され、その後の臨床心理学やカウンセリングの分野の発展に、大きく貢献することになりました。

しかし、人間行動の根源を性的色彩を帯びた心的エネルギーである。「リビドー」に置く「汎性欲説」には同調できない人が多くいました。当初はフロイトに共感していたアドラー（1870〜1937）は性欲よりも優越欲を重視し、その阻害から来る劣等感と補償作用が人間の行動の原動力であると唱えました。また、ユング（1875〜1961）はリビドーを性欲に限定せず、もっと幅広い生命的エネルギーとしました。その上でリビドーが自己の内面と外面のどちらに向くかで、人間の性格は「内向性」と「外向性」とに分かれるとしました。この向性は性格の基本的類型として今日でも用いられています。

フロイトの心的構造図

- 本人が意識できるのは心のごく一部
- 大部分は無意識の領域で、その中の必要に応じて意識できる領域＝前意識
- 意識領域での自分を「望ましい自分」として守ろうとする内面のはたらき＝自我
- 無意識の領域にある本能欲動の中心＝エス
- 親によってしつけられる間に、それが内面規範になったもの＝超自我

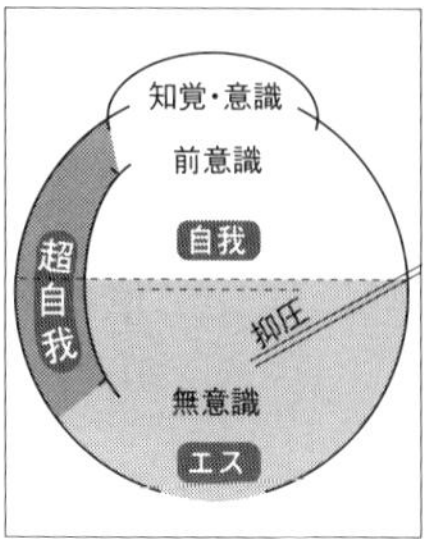

ジグムント・フロイト
（1856－1939）
オーストリアの精神分析学者。神経病理学者を経て精神科医となった。多くの症例報告は現在の研究にも生かされている。

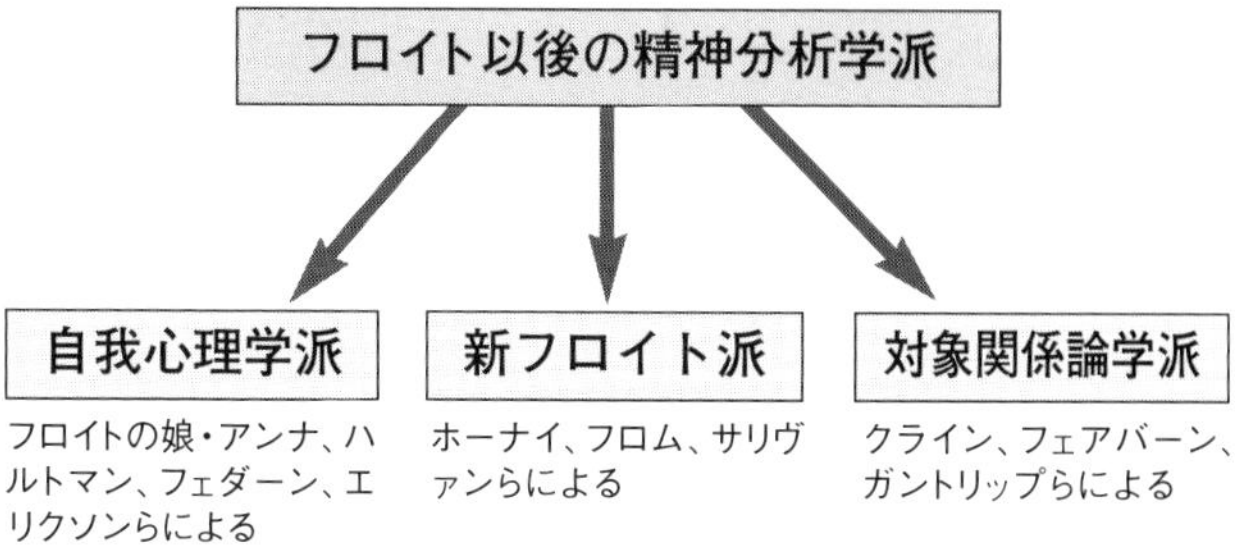

心理学のあゆみ⑦

ワトソンの行動主義心理学

2-7

アメリカのワトソン（1878〜1958）は、1912年にコロンビア大学で講演した際、「心理学は純粋に客観的かつ実験的な自然科学の一部門」であると宣言しました。心理学の目標は行動の予測と統制にあるとし、従来の内観法は主観的な方法だとして排斥しました。

意識は他人からは観察できないので、客観的に分析することはできないとして、人間の行動をその研究対象にするべきだと主張したのです。心理学が実証的な科学であるためには、直接観察できる行動を対象としなければならないのです。

行動主義者が扱うのは刺激と反応で、刺激が与えられればどんな反応が起きるかを予測し、反応が与えられればそのとき有効だった刺激は何であったかを指摘できるような、データと法則を明確にすることをワトソンは目指しました。このような刺激（S）と反応（R）を中心とする心理学は、「S－R 心理学」と呼ばれています。

またワトソンは、左ページのアルバート坊やの実験で、子どもの「動物恐怖」が生まれつきのものではなく、「古典的条件づけ」（92ページ参照）によって学習されたものであること、恐怖が類似した刺激に「般化」することを明らかにしました。しかし1930年代に入ると、トールマンらの新行動主義者たちは、刺激と反応の間に「期待」「動因」のような仲介変数を仮定するようになります（46ページ参照）。

ワトソンの行動主義心理学とは

ジョン・ワトソン（1878－1958）
アメリカの心理学者。意識を内観によって研究する心理学に代わる、自然科学としての心理学を提唱し、行動主義心理学を創始した。

ワトソンの学習についての実験

● **アルバート坊やの実験**

生後11ヵ月のアルバート坊やに白ネズミを見せる

⬇

坊やが手を伸ばしてネズミに触ろうとしたら、鉄の棒を叩いて大きな音を立てる
坊やは泣く

⬇

これを数回繰り返す

⬇

アルバート坊やはその後、ネズミだけでなく、白ウサギ、毛皮のコートなどにも恐怖心を持つようになった

心理学のあゆみ⑧

2-8 ゲシュタルト心理学

ワトソンと同時期にドイツでは、ヴェルトハイマー（1880～1943）、ケーラー（1887～1967）、レヴィン（1890～1947）という心理学者らが、「ゲシュタルト心理学」を提唱していました。

ゲシュタルトとは本来、マッハやエーレンフェルスが提唱した概念で、メロディを移調しても同じメロディに聞こえるように、要素を入れ替えても全体としてのまとまりが変わらなければ、全体は同じ性質を示すことをいいます。

ゲシュタルト心理学の出発点はヴェルトハイマーの運動視の実験です。2つの点を短い時間で交互に点滅させて人に見せた場合、それぞれの点を知覚するのではなく、1つの点が動いているように見える「仮現運動」という現象が起きます。移動という質の違うものを知覚するということは、全体の知覚は部分部分の知覚の合計には還元されないということです。「知覚は個々の感覚の単なる集合にすぎない」というヴントらの要素論的な説は、知覚には当てはまらないことがわかったのです。そしてケーラーによる「類人猿の知恵試験」など多様な研究がなされ、現象的な「知覚心理学」へとつながっています。

ゲシュタルト心理学派の考えを簡単にいうと、人間の心理を考えた場合に、1＋1＝2ではなく、ときとして3や4になるどころかAにもBにもなるという、全体は部分を足したものに還元できないという考え方です。

仮現運動の実験

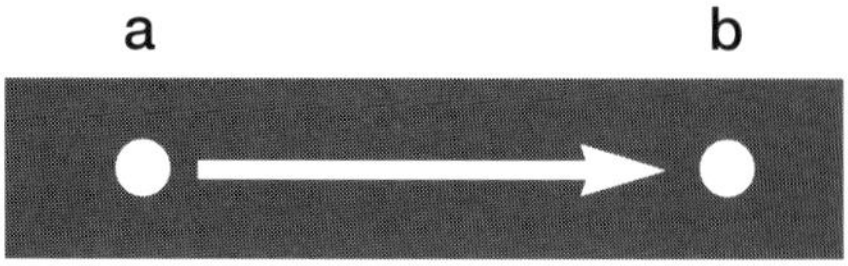

2つの光点をa、bの位置に置き、aをつけて消したあと、短時間おいてbをつけて消す、ということを継続すると、見ている者にはaからbへ、光点が滑らかに移動して見える。この現象を「仮現運動」という。街のネオンサインや映画はこの原理を応用したものである

●ゲシュタルト心理学の提唱者

マックス・ヴェルトハイマー
（1880－1943）
チェコ生まれの心理学者。ウィーンからラインラントに向かう汽車の中で「仮現運動」をひらめき、ゲシュタルト心理学の原点を見出した。

ヴォルフガング・ケーラー
（1887－1967）
ベルリン大学で博士号を取得した心理学者。類人猿が試行錯誤の結果としての偶発的な解決ではなく、見通し的学習を行なうことを発見した。

クルト・レヴィン
（1890－1947）
ゲシュタルト理論の基本的前提である力学的「場」の構想を、個人の生活空間をめぐる問題や、集団行動の分野に拡大した。

心理学のあゆみ⑨

2-9

新行動主義心理学

現代の心理学もフロイトの精神分析学、ワトソンの行動主義、そしてゲシュタルト心理学という3つの流れを汲んだものが主流となっていますが、ワトソンの行動主義はゲシュタルト心理学の影響を受け、「新行動主義」に発展していきます。

第2次世界大戦を機に、心理学の中心はドイツからアメリカに移ります。戦後、盛んになった行動主義ですが、ワトソンの単純な行動主義から発展させたのは、ハル（1884〜1952）、トールマン（1886〜1959）、スキナー（1904〜1990）でした。

ハルは学習の理論を数学的に厳密化し、食欲などの動因を満足させ低減させた行動が強められるとする「動因低減説」を主張しました。また、催眠研究にも積極的に取り組みました。

トールマンは動物の行動を研究し、認知的な学習に注目しました。生活体は行動に先立って環境に対する認知地図を構成し、それに即した期待や仮説に基づいて行動することや、報酬による強化が学習の成立条件とする説に対して、報酬がもらえなくても潜在学習が生じることを説き、後の認知心理学に大きく貢献しました。

スキナーは行動を自発的な行動＝オペラント行動と、誘発刺激によって引き起こされた行動＝レスポンデント行動に分け、オペラント行動の研究を重ねました。これは行動療法の基礎理論になっています。

スキナーの行動原理を応用すると…

幼稚園で友だちとうまく遊べないA子ちゃん

先生が気にして、優しい言葉をかけ、
友だちのところへ連れて行ってくれる

A子ちゃんの孤立行動は直らない

[スキナー先生のアドバイス]

A子ちゃんが一人でいても
干渉しない

少しでも友だちに近づいたら、
褒めてあげなさい

少し孤立行動が直ってきたら、
友だちと遊べたときだけ
褒めるようにしなさい

きっと友だちとうまく遊べるように
なりますよ

心理学のあゆみ⑩

2-10 現代に至る心理学の発展

精神分析学的な心理学は、ユングの精神分析学、アドラーの個人心理学など、フロイトから離れていろいろな学派に分かれていきました。そしてフロイトの娘、アンナ・フロイト（1895〜1982）らは自我心理学派として、アンナの弟子のエリクソン（1902〜1994）が「自我同一性理論」を提唱したり、スピッツやマーラーといった乳幼児研究者らが、この学派から「発達心理学」を発展させたりしました。

1960年代に入ると、行動主義や精神分析的な心理学に対して批判的な見方が多くなってきました。その中でアメリカの心理学者マズロー（1908〜1970）は行動主義の考え方に対して、哲学における現象学と歩調を合わせて成長した「人間性心理学」の中心人物となりました。マズローは行動の動機づけを快や自己実現を基本にしたものと考えました。また、過去の経験が人間に与える影響を重視した精神分析に対して、未来や希望が大きく影響すると唱えました。

近年では、心理学を行動の科学としてとらえるのではなく、生物科学の一分野としてとらえる「生理心理学」や「進化心理学」が生まれ、心を脳の機能や進化論から説明しようとしています。また、コンピュータの発達、情報理論の進展にともなって、心のはたらきをコンピュータをモデルに考える「認知心理学」が大きく注目されています。

マズローの人間性心理学とは

「人間は自己実現に向かって
絶えず成長していく存在」

動機の階層

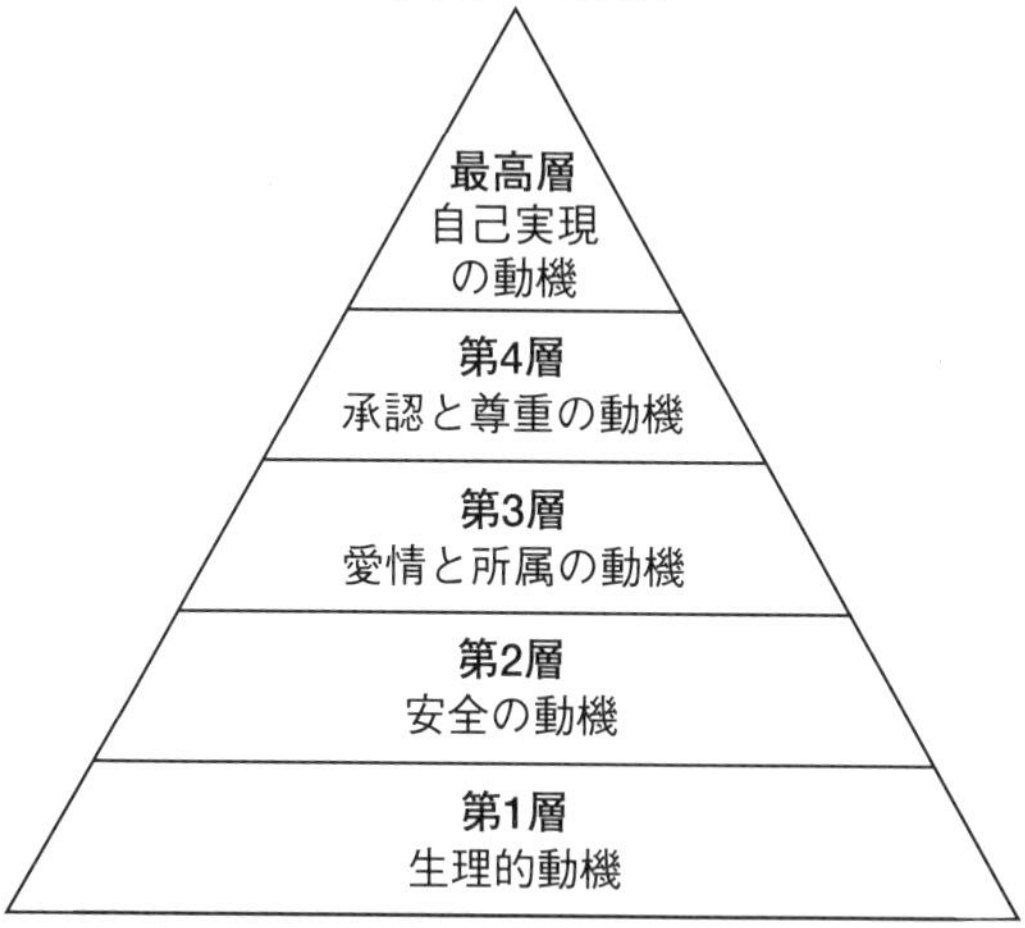

第1層の生理的動機が充足すると、第2層の安全と安定を求める動機が生まれ、これが充足すると第3層の愛情と所属を求め、充足すると第4層の承認と尊重の動機を求め、第1層から第4層までのすべてが満たされると、最高層の自己実現の動機が人間の行動を統御するようになる

↓

より真実の自己、あるがままの自己に到達

心理学のあゆみ⑪

日本の心理学史　明治・大正期

2-11

日本に心理学が入ってきたのは、明治維新後です。心理学という言葉を初めに使ったのは、当時の啓蒙学者・西周《にしあまね》という説があります。明治10年（1878）『知情意を含む精神哲学』（原題『Mental Philosophy : Including the Intellect Sensibilities and Will』）というヘヴンの本を翻訳した際、書名を『奚般氏心理学』としたそうです。その後、東京大学の前身・開成学校や、筑波大学の前身・教師養成校で、学科として「心理学」が組み込まれ、学生たちが学ぶようになったのです。

日本の研究者の先駆けは元良《もとら》勇次郎（1858～1912）です。アメリカのジョンズ・ホプキンズ大学でホールに師事し、日本人心理学者として初めて博士号を取得し、帰国後、東京帝国大学（現・東京大学）で、心理学教授となりました。

元良は成績不振児の訓練法を開発したり、心理学研究会を組織して弟子の育成にも努めました。彼の死後は弟子の松本亦太郎《またたろう》（1865～1943）が指導的な立場になりました。松本はイェール大学に留学した後、ドイツ・ライプチヒ大学で、ヴントの指導も受けています。

同時期（明治末期）には、知能検査や精神分析が日本に紹介されています。知能検査ははじめ医師によって紹介され教育者も関心を示しましたが、日本に合った内容に改変し、日本初の知能検査を作成したのは、久保良英、田中寛一、鈴木治太郎らの心理学者たちでした。

日本の心理学の流れ

元良勇次郎
(1858－1912)
兵庫県三田市生まれ。同志社英学校で性理学(現在の心理学)と出会い、心理学者の道に。ジョンズ・ホプキンズ大学でスタンレー・ホールに心理学を学んだ。

日本人初の心理学者。1888年、帝国大学で「精神物理学」の講義を行なう

松本亦太郎
(1865－1943)
群馬県高崎生まれ。東京帝国大学で元良に師事し、1906年京都帝国大学の初代心理学教授となる。心理学の地位を確立し、実験室の創設、教育制度の整備に貢献した。

元良に学んだあと松本は、欧米の心理実験室を視察。
東京帝国大学、京都帝国大学の心理学実験室を立案、設計した

1927年4月	松本亦太郎を委員長として東京帝国大学に心理学者190人が集まり「日本心理学会」結成
同　年	「関西応用心理学会」発足
1933年	「動物心理学会」創立

心理学のあゆみ⑫

日本の心理学史　昭和期

2-12

その後もアメリカに留学していた日本人の心理学者から、フロイトやユングの研究が次々と報告されました。

そんな中で、第2次世界大戦前に日本の精神医学の中に精神分析を位置づけたのは東北大学の丸井清泰でした。さらに彼の弟子古沢《こさわ》平作がイギリスに留学して、精神療法としての精神分析を学び、帰国後診療所を開いて日本に普及させました。

またこの頃には、軍隊や産業の場での適性検査が開発されたり、心理学者による児童相談なども始まりました。心理学が一般社会でも身近なものになっていったのです。

昭和2年（1927）には、日本心理学会と関西応用心理学会が設立され、全国規模で情報交換がなされました。ゲシュタルト心理学の影響で知覚研究が行なわれたり、内田勇三郎が作業検査である「内田クレペリン検査」を開発したりしたのもこの頃です。

戦後、心理学はアメリカの教育改革により、科学的で民主的な教育の基礎部門として重視されました。グループダイナミクス、ガイダンス、統計手法、行動主義などがアメリカの指導で日本に根づいていきました。

また、社会心理学者の南博（1914〜2001）が「力動心理学」を伝えたことから、心理学ブームが起こり、臨床心理学ではロールシャッハ・テストなどにも関心が集まりました。

内田クレペリン検査とは

① 数字が１列に並んでいる用紙が渡される
② 1行目の左端から1番目と2番目の数字、2番目と3番目の数字、というように足し算を繰り返す
③ 1分経ったら次の行に移り、左端から同じように繰り返し足し算をする
④ 同様に1分ごとに行を変える。前半15分、5分の休憩をはさんで、後半15分、この作業を続ける
⑤ 回答数字は前半・後半それぞれ15行になる。行の最後の回答数字を線で結んでいく
この曲線で、その人の特性を分析することができる

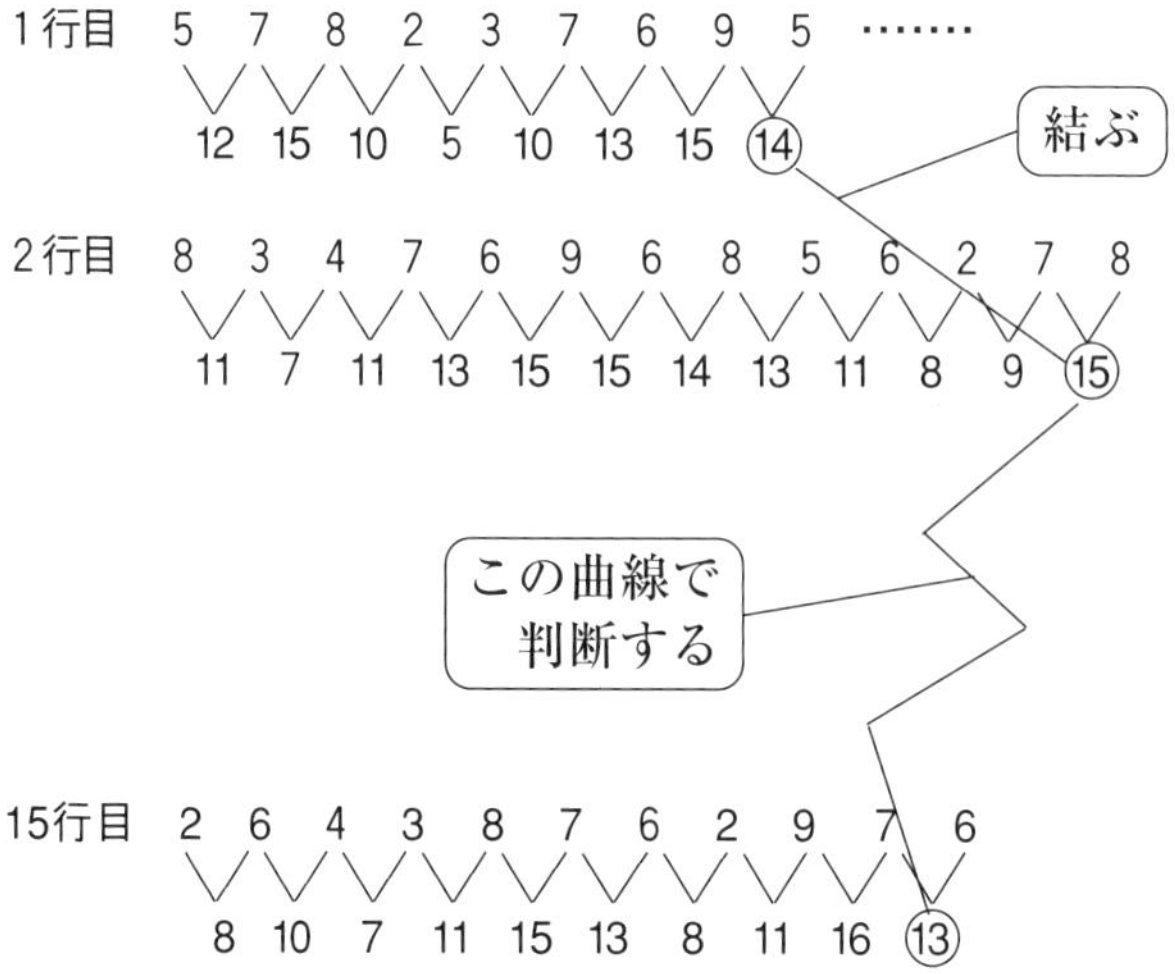

会う時間より回数が大切

人間がある対象に親しみを感じる度合は、その人との接触時間の長さよりも、接触回数に左右されるところが大きいとされています。これを「反復効果」といいます。

反復効果を応用した恋愛の心理テクニックとしては、好きな相手の心をつかむためには、映画を観てから食事をして、しゃれたバーでカクテルを飲んで…、などと日曜日に1日中デートするより、毎日彼女を会社まで迎えに行って家まで送るほうが、効果的ということです。

また、直接会うことができなくても、こまめに電話をかけたり、メールを送ったりして、なるべく接触回数を増やす努力をしてみましょう。最初は嫌がっていても、そのうちきっと心を開いてくれるのでは？

第3章

心理学の分野

3-1 心理学の分野とは

基礎心理学と応用心理学に大別される

心理学の分野は、「基礎心理学」と「応用心理学」とに大きく分けられ、そこからまた、さまざまな分類がされています。それぞれの領域は完全に独立しているものではなく、お互いに重なり合い、関係しあっています。

「基礎心理学」は、心理学の一般法則を研究しています。研究方法は実験が多く用いられ、そのデータを統計的に見ていくことで、人間の心理を解き明かそうとするもので次のようなものがあります。

- **生理心理学**　人間の生理学的な活動と心理的な現象との関連を解明する
- **数理心理学**　人間の心の数理モデル、心理学データの統計的分析手法などを研究する
- **学習心理学**　経験によって行動が変化する過程を研究する
- **知覚心理学**　視覚、聴覚、嗅覚、味覚、触覚などの知覚について研究する
- **人格心理学**　性格の構造や性格テストについて研究する
- **記憶心理学**　記憶のしくみを研究する
- **思考心理学**　人間の思考や問題解決について研究する
- **感情・動機づけの心理学**　恐怖や不安などの感情、食欲や依存欲求などの動機づけを研究する
- **発達心理学**　人間の生涯発達の段階をそれぞれ研究する
- **認知心理学**　（次頁参照）

心理学の分野

基礎心理学
応用心理学
に大別される

《基礎心理学とは》

- 生理心理学
- 学習心理学
- 人格心理学
- 思考心理学
- 発達心理学
- 数理心理学
- 知覚心理学
- 記憶心理学
- 感情・動機づけの心理学
- 認知心理学

3-2 認知心理学とは

「行動の科学」から「認知科学」へ

「認知心理学」も基礎心理学の一分野です。1950年代に成立した新しい心理学で、人間を一種の高次情報処理システムとみなし、情報処理プロセスの解明によって人間を理解しようとします。第2次世界大戦とともに発展した情報科学や、コンピュータの普及が「認知心理学」が成立する大きな要因となっています。

それまでの行動主義では、意識内容の内観による分析は、非科学的なものであるとされていました。しかし、情報理論やコンピュータの発達により、認識や知識、推理などの高次の精神作用も科学的に研究することができるようになり、「認知心理学」が急速に発展していったのです。つまり「行動の科学」であった心理学が「認知科学」としての側面も持ち始めたのです。

1958年には人工知能学者サイモン、ニューエルらが、人工知能の研究成果を発表し、人間の問題解決過程はコンピュータで実現できるとしました。コンピュータを使って、人間の心のモデルを考えようという試みで、人間の心理を脳というハードウェアと、心というソフトウェアの関係としてとらえたのです。

参加したホヴランド、ミラー、アトキンソンなど、記憶や知覚の領域で活躍する新進の心理学者たちに大きな影響を与えました。

彼らによってさらに「認知心理学」は発展し、現代ではこの「認知心理学」が主流になっています。

認知心理学とは

☆さまざまな情報を取り込んで

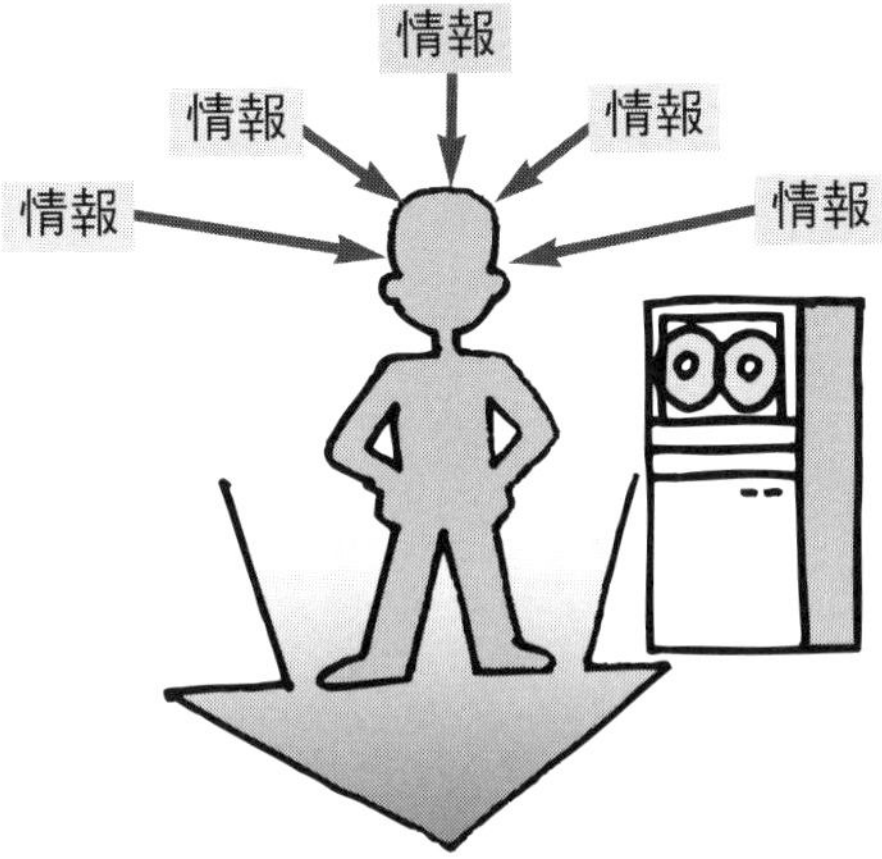

処理

↓

保存

人間の認知機能を研究する

＝

心理学の主流に！

3-3 応用心理学とは

基礎心理学で得たものを実際に応用する

「応用心理学」は、基礎心理学によって得た知識や法則を、現実に起こっている問題に役立てることを目的にしています。つまり、基礎心理学で多くの人間を研究して導き出したものを、産業、政治、教育、臨床など実用面に応用するのが、応用心理学です。

応用心理学には「社会心理学」「文化心理学」「フェミニズム心理学」「障害（児）心理学」「環境心理学」「教育心理学」「臨床心理学」「産業心理学」「犯罪心理学」などがあります。

「社会心理学」では、社会行動や社会生活などに影響される心理の研究を行ないます。集団の行動や、集団を形成する個人のパーソナリティや対人行動の観点からも取り組み、実証的な心理学的法則を解明しようとしています。

「文化心理学」は、文化と心は密接な関係にあるとし、文化の違いや、文化の持つ心理的なシステムを研究しています。「フェミニズム心理学」は、フェミニズムの視点から構築された心理学です。「障害（児）心理学」は医療や教育、福祉と関連して知的障害や情緒の問題などに取り組んでいます。発達障害については発達過程を研究し、障害の発生から変化、発達上の問題までをとらえています。「環境心理学」は人と環境のかかわりを通して、環境の影響や快環境づくりなどを研究しています。

（「教育心理学」「臨床心理学」「産業心理学」「犯罪心理学」についてはは次ページ以降で解説）

応用心理学

社会心理学	文化心理学
フェミニズム心理学	障害（児）心理学
環境心理学	教育心理学
臨床心理学	産業心理学
犯罪心理学	など

3-4 教育心理学とは

成長や発達に関わる教育的な心理を解明

それではもう少し応用心理学の分野を解説していきましょう。「教育心理学」は、教育現場で起こるさまざまな教育問題について、心理学的な見地に基づいて考えるとともに、人間形成に関する原理と方法を心理学的手法によって解明する学問です。一言に教育といっても、学校教育、家庭教育、社会教育などがあり、なかでも学校教育は、すべての幼児、児童、青年の心身の発達に応じて行なわなければなりません。

「教育心理学」には理論的な側面と実践的な側面があります。理論的な側面は、人と環境の相互作用という観点から人間形成という現象を説明することです。特に環境のあり方と個人の変容との有機的な関連を解明することが目的となっています。実践的な側面は、教育の問題を解決するために必要な知識や技術を体系化することです。この2つの面は不可分のものととらえられています。

また、望ましい人間形成とは何かという価値的側面も教育実践においては避けて通ることはできません。そのために「教育心理学」では、「発達心理学」「学習心理学」「教授法」「人格心理学」「動機づけ」「教育測定」「教育評価」「学級集団の心理」「学習障害」「教育相談」などの研究が必要になってきます。同時に教師など教育する側と、児童・生徒など教育される側の精神衛生に関わる問題も研究し、その成果を教育現場に生かしています。

教育心理学の研究分野

発達心理学	教育測定
学習心理学	教育評価
教授法	学級集団の心理
人格心理学	学習障害
動機づけ	教育相談

臨床心理学とは

心理的問題を解決するための実践的な学問

3-5

「臨床心理学」という分野が提唱されたのは1896年、ペンシルヴァニア大学のウィトマーが、心理診療所の重要性をアメリカ心理学会に主張したことに始まるとされています。

日本では第2次大戦後、占領軍の要請で「精神衛生法」「児童福祉法」「少年法」が制定されたことによって、児童相談所や少年鑑別院、精神病院など、心理学を用いる職域が発生したことが、事実上、臨床心理学の始まりでした。

現在APA（米国心理学会）では、臨床心理学を「科学理論、実践を統合して、人間行動の適応調整や人格的成長を促進し、さらには不適応、障害、苦悩の成り立ちを研究し、問題を予測し、そして問題を軽減する、解消することを目指す学問である」と、定義しています。

つまり、「臨床心理学」とは、人間の心理的障害や適応上の問題を、心理学の知識や技術をもとに助言などをし、解決することを目的とした実践的応用の学問だといえます。

人間の心理に関する一般的な原理を解明しようという心理学のなかで、「臨床心理学」はひとりひとりの個別性を重視し、感覚、記憶、欲求、学習などといった個々の側面を研究対象にするのではなく、それらを総合した個人を対象としています。また、人格理論、発達理論、行動理論、心理療法論などを背景にしていますが、なかでも精神分析理論は、臨床心理学に大きな影響を与えています。

臨床心理学とは

- 人間の心的障害や適応上の問題の解決を心理学的な知識や技術をもとに援助することを目的とした学問
- 問題に悩む人＝クライエントが問題を理解し、自己を受容し、自己の可能性を実現できるよう援助する

人格理論　発達理論　行動理論

心理療法論　精神分析理論

↓

臨床心理学

心理学 word book

ラベリング

人は無意識のうちに相手を「この人はこういう人だ」「この人の性格はこうだ」と、特定のイメージでとらえています。この作業を心理学では「ラベリング」といい、相手の社会的役割によるイメージや第一印象が決め手となるようです。

3-6 産業心理学と犯罪心理学

現代社会に必要不可欠な心理学

●産業心理学

「応用心理学」には、新しい研究領域として、産業活動における人間の心理を研究対象としている「産業心理学」があります。

これは生活をしていくための仕事と、人間との関係を解明するために生まれた心理学です。つまり、「働くこと」が大きなテーマになっています。「産業心理学」は「社会心理学」の研究とも重なっています。

現代のようなビジネス社会には必要性の高い、職場の人間関係や、働く人のメンタルヘルスを取り上げています。

そのほか、採用や人事、企業内教育まで扱っているのです。また、人間が物を買ったり売ったりするときの心理などを研究し、実際の商品戦略に生かしています。

●犯罪心理学

「犯罪心理学」も応用心理学の一分野です。犯罪行動や犯罪者の心理を解明する「犯罪者の心理学」、犯行の心理や犯罪者の特徴が判決に及ぼす影響、証言の心理などを研究する「裁判心理学」、犯罪者の矯正や更生、犯罪予防を目的とする「矯正心理学」があります。

犯罪心理学はまた、遺伝や性別、年齢、性格、知能などの個人的な要因や、家庭環境、地域環境、マスコミなどの人格環境、群集心理や経済状態などの行為環境といったさまざまな面から、犯罪にアプローチしています。

産業心理学とは

［仕事と人間との関係を解明する］

- 職場の人間関係
- 職業人のメンタルヘルス
- 採用や人事、企業内教育
- 消費者、販売者の心理　　などを研究

↓

ビジネスの場に生かす

犯罪心理学とは

- 犯行の心理
- 犯罪者の性格

→ 犯罪者の心理学

- 判決の心理　• 証言の信用性
- 証言の心理　• 自白の心理

→ 裁判心理学

- 犯罪者の矯正や更生
- 犯罪予防

→ 矯正心理学

- 犯罪に関わる環境の研究
  ① 個人的要因･･･遺伝、性別、年齢、性格、知能
  ② 人格環境･･･家庭環境、地域環境、マスコミ
  ③ 行為環境･･･群集心理、経済状態

3-7

新しい概念の心理学

ニーズに合わせて生まれたいろいろな心理学

さらに近年になって新しい概念の心理学も多く誕生しています。

「宗教心理学」は、宗教的現象を心理学的方法で研究しています。「スポーツ心理学」はスポーツ選手のスポーツに対する動機づけを高めることや、試合前の不安や緊張を解消することなどを研究しています。「健康心理学」は心身を健康にする心理的な条件を解明する心理学です。「災害心理学」では震災時のパニックやデマ、避難行動など、突発的な災害時に起きる現象を研究するとともに、最近注目されている、災害を経験した人の心理的外傷によるストレス（PTSD）などを扱っています。

「超心理学」は現在の科学で説明のつかない精神現象を研究する心理学の一分野です。テレパシーや透視、予知などの感覚外知覚（ESP）や、念力（PK）などのサイ現象を実験的に扱っています。

このほか経営の現象を心理学的な方法で解明する「経営心理学」、恋愛の心理を研究する「恋愛心理学」、広告によって人間の認知や態度にどのような影響を及ぼすかという「広告心理学」、事故を起こしやすいドライバーの特徴の研究や、運転適性テストの開発をしている「交通心理学」、軍事的な活動における人間の心理と、心理的な問題を解決する方法などを研究している「軍事心理学」、職業と人間とのかかわりを研究する「職業心理学」などがあります。

新しい概念の心理学

宗教心理学	スポーツ心理学	超心理学
災害心理学	恋愛心理学	広告心理学
経営心理学	軍事心理学	職業心理学
交通心理学	健康心理学	など

POP 心理学 3

受容の手法で相手の心をつかむ

カウンセリングでよく用いられている「受容」の手法は、相手の主張がどんなに理不尽で非論理的であっても、まずすべてをいったん受け入れます。すると相手は「自分は敬意を払われている」「自分は評価されている」と感じ、反発していた気持ちが消えていきます。さらにはこちらの主張を受け入れやすい心理状態になるのです。

車のセールスなども「応酬話法」といって、難しい客の言い分を徹底的に聞き、聞き終わってから「あなたの考えも真理だが、こういう真理もある」と問いかけて、車を買う気にさせるというテクニックを使っているそうです。夫婦喧嘩でも妻に言いたいだけ言わせてその主張を認めてから、自分の意見を言って円満に収めている見上げた夫がいるのです。

第4章

感覚と知覚の心理学

感覚と知覚とは

外界の刺激を受け取り解釈するということ

4-1

この章では、人間がどのように外界からの刺激を受け取って処理し、行動に利用するのかを解説していきましょう。

人間が外界を知る手がかりは、目で見る、耳で聞く、鼻で嗅《か》ぐ、舌で味わう、手で触るなどがあります。そしてこの「見える」「聞こえる」というような体験のことを「感覚」といいます。

感覚には視覚、聴覚、嗅覚、味覚、皮膚感覚という五感があります。そしてそれぞれの感覚には視覚に対する目の網膜の視細胞（錐体と桿体）、聴覚に対する内耳の有毛細胞、というように特定の刺激を受け入れる「受容器」があり、そこから脳に信号が送られます。五感のほかに運動感覚、平衡感覚、内臓感覚という自分自身の状態を知るための感覚があります。自分の名前が呼ばれる例では、音が聞こえるというのが聴覚という「感覚」であり、自分の名前が聞こえるのが「知覚」です。私たちに実際に「聞こえる」のは、感覚ではなく、それが自分の名前であると判断されたあとの知覚なのです。

では、私たちは正確に外界を知覚しているのでしょうか。網膜には同じ大きさに映っているにもかかわらず地平線に近い位置にある月が、中空に昇った月より大きく見えてしまうというように、錯視（錯覚）してしまうことがあります。これは刺激を正確に知覚していないということです。同じ大きさや長さなのに、違って見えたりすることが、だれにでも起こるのです。

感覚とは

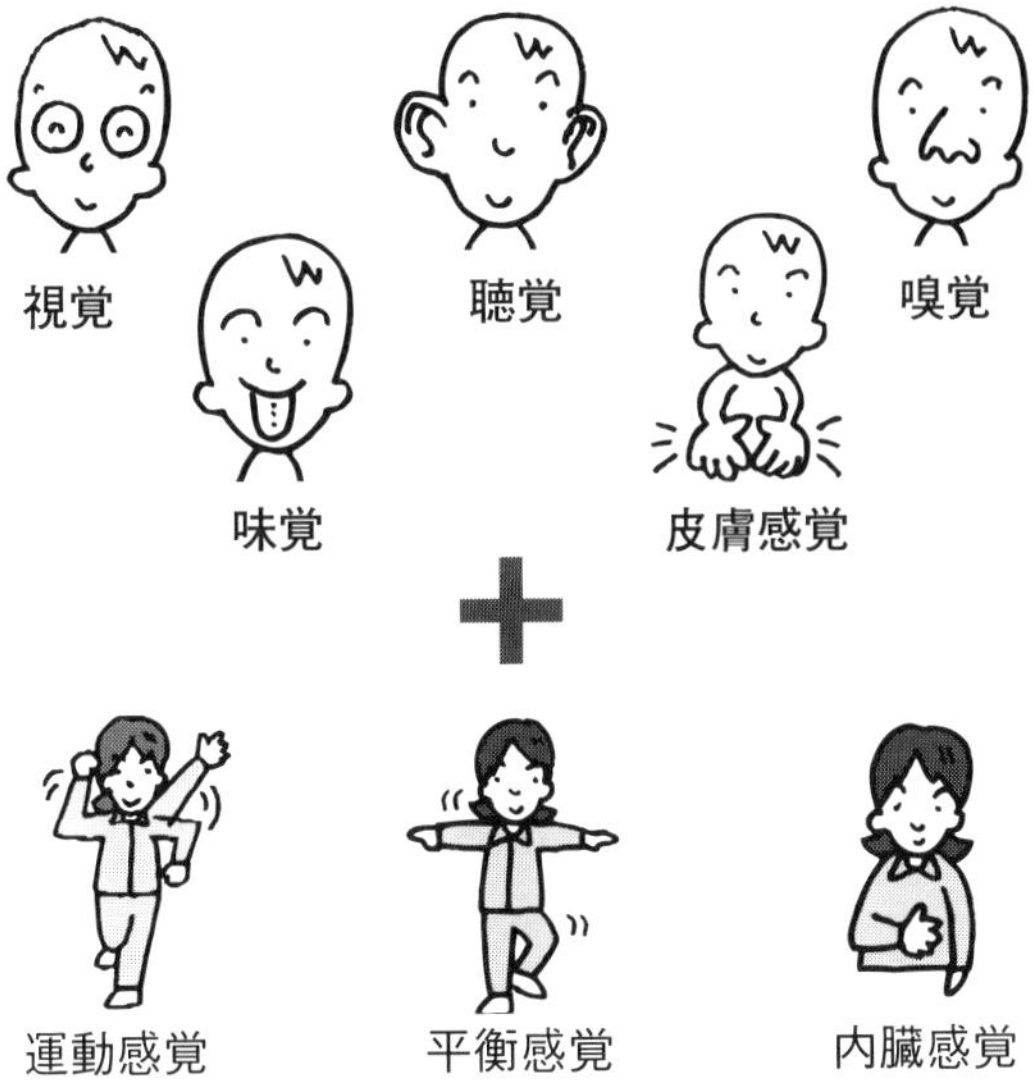
視覚
聴覚
嗅覚
味覚
皮膚感覚
運動感覚
平衡感覚
内臓感覚

感覚と知覚

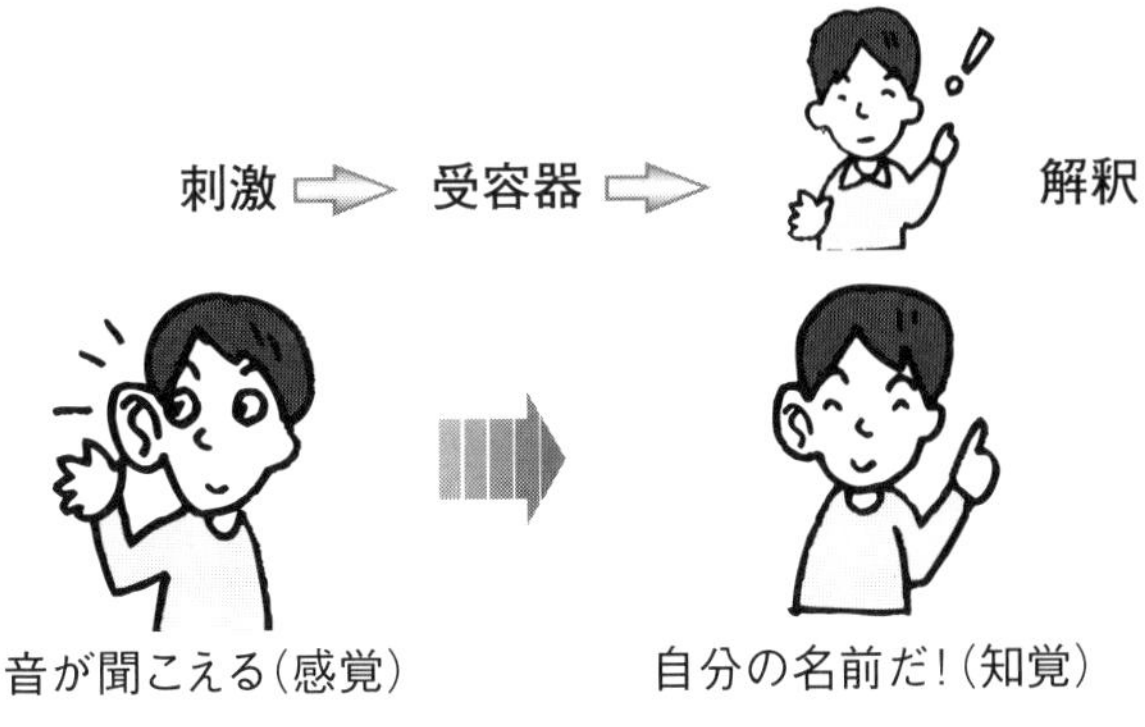
刺激
受容器
解釈
音が聞こえる（感覚）
自分の名前だ！（知覚）

4-2

形の認識と錯視

パターン認識と知識に頼らない知覚がある

人間が物の形を知覚するとき、あれは机、これはノート、この文字は英語、というように意味の理解もできています。このようにひとまとまりの形で認識される対象を「パターン」といい、パターンを見つけ出してそれが何であるかを理解することを「パターン認識」といいます。

同じ長さの4本の線と4つの直角があるから正方形、というようにまずパターンを構成する部分的特徴をとらえ、その特徴を持つものが何であるかを知識と照合します。情報を集めて処理し、知識として持っている情報と照合する過程を「ボトムアップ処理」といいます。

ボトムアップ処理とは逆に、全体の見え方がわかってから、部分的特徴が見えてくる過程を「トップダウン処理」といいますが、パターン認識はボトムアップ処理とトップダウン処理の両方が同時に働いていると考えられています。

また、図①のように実際には描かれていないのに、中央に白い3角形が見えるといったような、輪郭線がないのにあるかのように知覚される現象を、「主観的輪郭」といいます。知識としては輪郭線がないことを知っていながらも見えてしまうことから、知識に依存しない知覚現象だといえます。

ほかにも長さや角度など図形の性質が、大きくゆがんで知覚される錯視があります（図②〜⑤参照）。これらの図形は「幾何学的錯視図形」と呼ばれています。

いろいろな錯視図形

図① 主観的輪郭

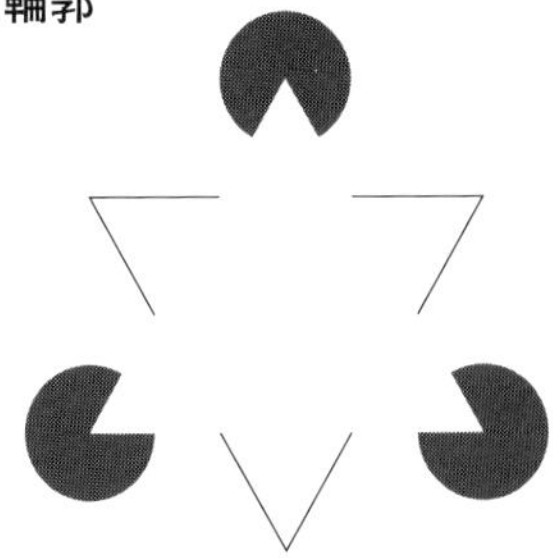

図② ミュラー・リヤーの図形
直線部分は同じ長さだが、左の方が長く見える

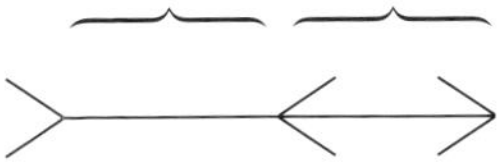

図③ ヘリングの図形
2本の直線は平行だが、中央が膨らんで見える

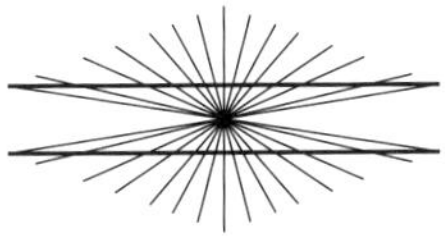

図④ ヴントの図形
これも2本の直線は平行だが、中央がへこんで見える

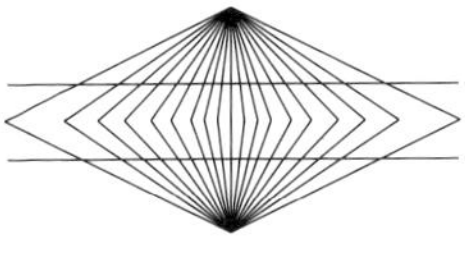

図⑤ ツェルナーの図形
すべての直線は平行だが、そうは見えない

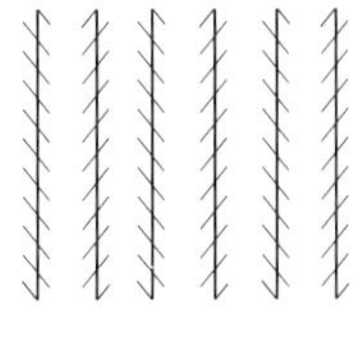

4-3 「ルビンの盃」と群化の法則

人間はまとまりとして形を見ている

左ページにある絵は有名な「ルビンの盃」です。白い部分だけを見ていると盃ですが、黒い部分に注目すると、向かい合った2人の横顔が見えてきます。しばらく見ていると、盃が「図」（見えたもの）、黒い部分が「地」（背景）として知覚されるときと、逆に横顔が「図」、白い部分が「地」として知覚されるときがありますね。

通常の知覚体験では「図」として見える部分と「地」として見える部分は決まっているのですが、「ルビンの盃」のように、2つが交代する現象が起こる図形のことを、「図-地反転図形」または「多義図形」といいます。2つが同時に見えることはありません。人間の視野は、一方しか「図」にならないのです。これは人間が目に入るものを、まとまりのある形とそれ以外に分けて見ているからです。本を読むときには文字が「図」、紙が「地」となっています。もし文字が紙からまとまった形として浮き上がって見えなければ、本を読むのは大変困難になります。

ゲシュタルト心理学者のヴェルトハイマーは、まとまりを形成する要因について、①近いもの同士（近接の要因）、②同じような性質を持ったもの同士（類同の要因）、③閉じた形を形成するもの同士（閉合の要因）、④単純で規則的な形を形成するもの（よい形の要因）、⑤滑らかにつながるように配置されたもの（よい連続の要因）であると指摘し、これらを「群化の法則」または「ゲシュタルト要因」といいます。

ルビンの盃

群化の法則

近接の要因	条件が一定ならば互いに近い距離にあるもの同士がまとまって見える ●●　●●　●●
類同の要因	各種のものがある場合、他の条件(たとえば間隔距離)が一定ならば、類似のものがまとまって見える ○○●●○○●●
閉合の要因	閉じた領域をつくるものがまとまりやすい ＞ ＜ ＞ ＜
よい形の要因	よい形すなわち単純で規則的で対称的な形にまとまりやすい 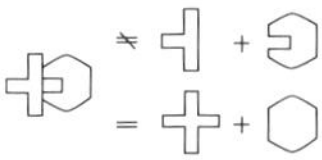 (上図の左の図は右上のようにではなく、右下のように十字と六角形に見える)
よい連続の要因	滑らかな経過またはよい連続を示すものはまとまりやすい 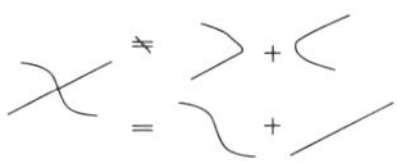 (上図の左の図は右上のようにではなく、右下のように2本の線分に見える)

4-4 空間認識

3次元の世界をどうやって認識しているか

人間は縦、横、高さがあるという3次元の世界で生活しています。しかし、それらを知覚する網膜には、2次元の画像として映っています。では、どうやって3次元の空間、つまり奥行きを知覚しているのでしょうか。

人間が対象物を見るとき、実は右目と左目でほんの少し像が異なります。これを「両眼視差」（図①）といいます。3Dメガネを使うと、映画が立体的に見えるのは、この両眼視差を利用したものです。また、片方の目だけでも奥行きは感じられます。これは近くを見るときには水晶体レンズが厚くなり、遠くを見るときには水晶体レンズが薄くなって焦点を調節していますが（図②）、この目の筋肉の感覚が、奥行き知覚に影響しているのです。

目の構造だけでなく、物理的な要因によっても奥行き知覚は生じます。たとえば同じ高さのものでも近くにあるものは大きく、遠くにあるものは小さく見えるという、相対的な大きさから奥行きを感じることができます。

そのほかにも図③のような点を見ると、きめが細かくなるほど遠くにあるように感じられます。このような図を「きめの勾配」（図③④）といいます。同様に、重なり合ったもの（図⑤）からも、遠近の位置関係がわかります。さらに光による陰影は、立体かどうかを知る有力な手がかりとなります。画家はこれらの手法を使って絵に立体感を出しているのです。

3次元の世界を認識するしくみ

図①

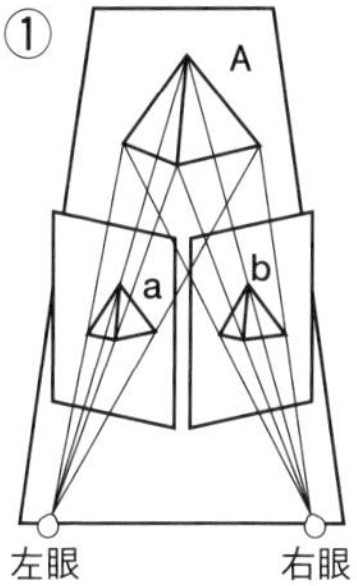

両眼視差

実際の図形Aを見るとき、左眼ではaの図形、右眼ではbの図形として見える

図②

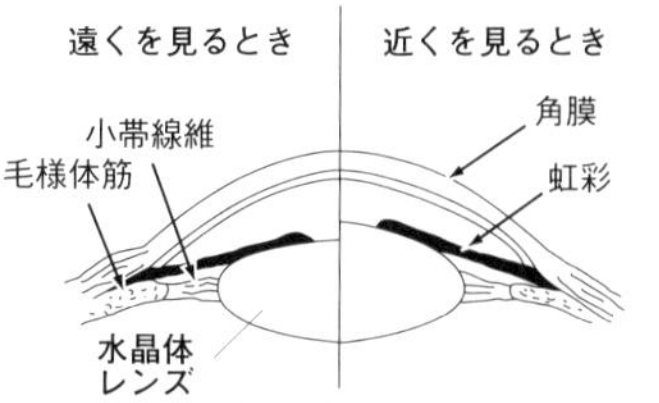

水晶体の調節

遠くを見るときは水晶体レンズが薄くなり、近くを見るときは厚くなる

(「教養の心理学」培風社より)

図③

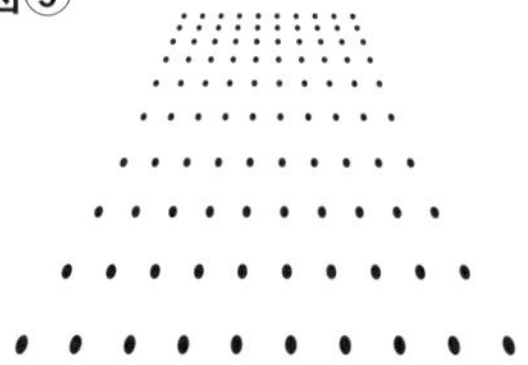

図④

きめの勾配

奥行きを感じる

図⑤

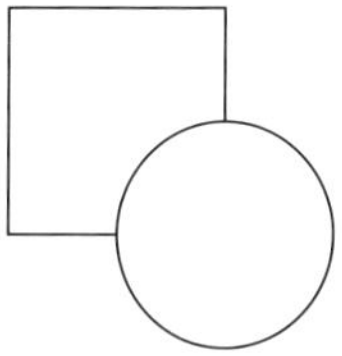

重なり合い

四角が奥、丸のほうが手前に見える

4-5 知覚の恒常性

なるべく変化を少なくして知覚している

あなたが友人と待ち合わせをしていて、遅れてきた友人が、10メートル離れたところにいるときと、5メートルまで近づいたときとでは、友人の大きさはどのように変化して見えるでしょうか。

カメラでは、対象までの距離が半分に縮まれば、大きさは倍になります。同様に網膜に映っている友人の大きさは倍になっていますが、視覚的にはあまり変化を感じません。

人間は環境が変化したとき、なるべく変化を少なくしようとして知覚するのです。この特性を「知覚の恒常性」といいます。

例に挙げたように、対象との距離が変わっても、対象の大きさが比較的一定に保たれる現象を、「大きさの恒常性」といいます。

また、円形のお皿を真上から見ると網膜上ではやはり円形ですが、少し横から見ると楕円形に映ります。しかし、実際には横から見ても円形に近い形に見えます。これを「形の恒常性」といいます。

色については夕方に白い服を着ていても白く見え、明るい照明の下で黒いドレスを着ていても黒く見えるように、日差しや照明など、明るさが変わっても同じ色に見えます。これを「明るさの恒常性」といいます。

もし恒常性がなく、脳が網膜像のとおりに知覚していたら、さぞかし混乱して大変なことになってしまうでしょうね。

知覚の恒常性とは

● 大きさの恒常性

対象までの距離と網膜像の大きさの関係

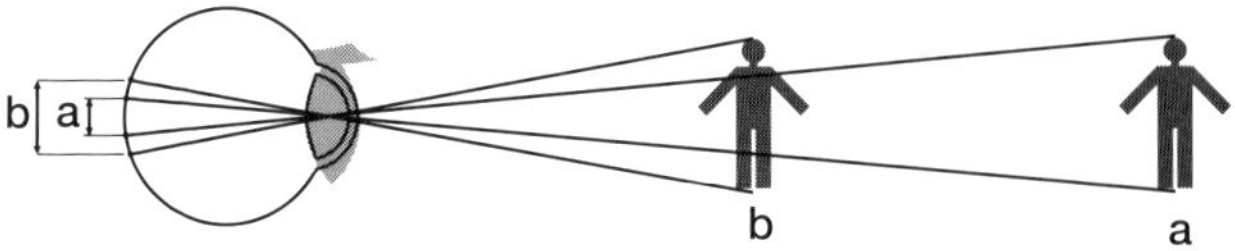

● 形の恒常性

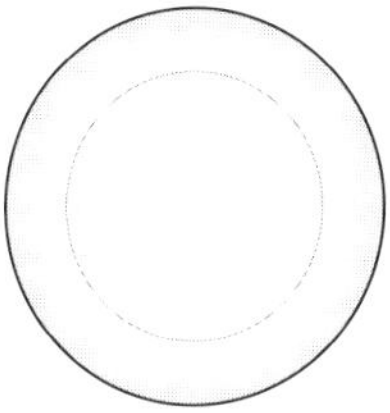

真上から見たお皿

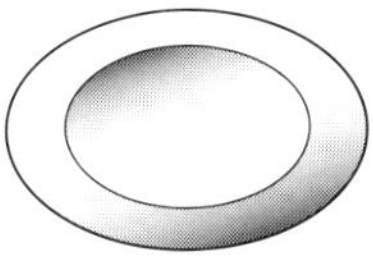

少し横から見たお皿

● 明るさの恒常性

明るい中で黒い服を着ても黒に見える

暗い中で白い服を着ても白に見える

4-6 運動知覚

動いていないのに動いているように見えるのは

物が動いていると知覚することを、「運動知覚」といいます。時計でいうと、秒針は動いていると知覚できますが、短針はなかなか動いていると知覚できません。また、扇風機の羽根は、低速回転しているときは知覚できますが、高速回転しているときは、一枚の板のように見え、動いているように見えません。動きが遅すぎても早すぎても、運動として知覚できないのです。

これとは反対に、動いていないのに動いているように見えることがあります。この現象を心理学では4つに分類しています。

●仮現運動

ヴェルトハイマーの実験によって明らかになった、少し離れた位置に置いた2つの電球を点滅させると、滑らかな動きとして知覚すること。映画フィルムも本当は一コマ一コマの画像の連続が動いているように見える現象など。

●自動運動

暗室の中で静止した光をじっと見ていると、不規則に動いているように見える現象のこと。

●誘導運動

隣の電車が動いているのに、自分の乗っている電車が動いているよう見えたり、風に流される雲の動きで、月が動いて見えることなど。

●運動残効

一定方向に動いているものを見たあと、止まっているものを見ると、それまで見ていた物が動いていた方向とは逆の方向に動いて見える。

運動知覚とは

● 仮現運動

● 自動運動

● 誘導運動

● 運動残効

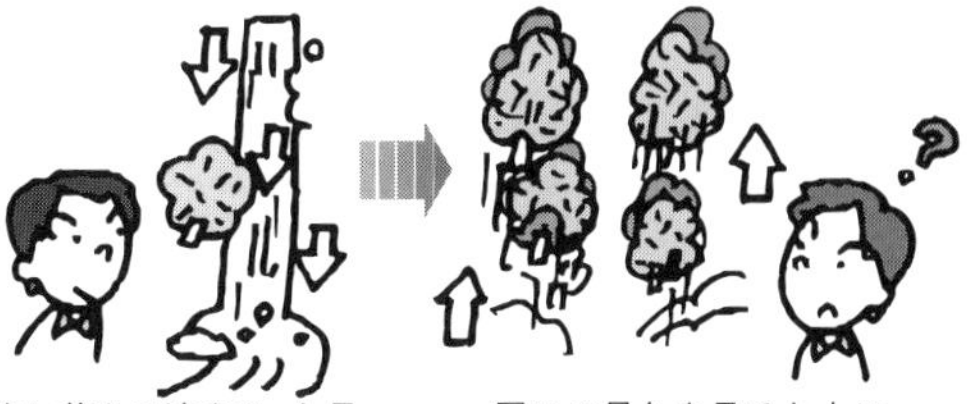

流れ落ちる滝をじっと見たあと　周りの景色を見ると上に動いて見える

4-7 カクテルパーティ効果とは

人間はどんなものに注意が向けられるか

これまでみてきたように、私たちはいつも外部からたくさんの情報を受け取っていますが、すべての情報が意識に上るわけではありません。私たちはたくさんの情報の中の一部を選択して反応しているのです。この選択のことを「注意」といいます。

注意が向けられたものは知覚されやすくなり、それ以外のものは無意識にシャットアウトしているのです。たとえば、宴会で近くの友人と話しているとき、ふとしたきっかけで別のグループに注意が向けられると、急にそのグループの会話がはっきり聞こえてきたりします。この現象を「カクテルパーティ効果」といって、知覚が選択的であることを示しています。

では、人はどのような対象に注意を向けるのかというと、外的な要因では、①大きな音、強烈な色彩、大きな看板など（強度と大きさ）、②何度も繰り返されるもの（反復）、単調でなく変化があるもの（変化）、③静止より運動しているもの（運動）、④見たことのないものや、びっくりするようなもの（新奇性）などが挙げられます。

内的な要因では、そのとき欲しているものと関わりがあるものに、注意を引きつけられます。たとえば歩いていておなかが空いていたとしたら、レストランの看板ばかり目についてしまったり、のどが渇いていたら、自動販売機や喫茶店などに注意が向けられるのです。

カクテルパーティ効果とは

［多数の音の中から注意を向けたものの音が聞こえる
注意をそらすと雑音と混じって聞き取れなくなる］

ほかのグループの話がはっきり聞こえる

● 注意を向けるもの

大きな音や色彩のもの

繰り返されるもの

変化のあるもの

運動しているもの

びっくりするようなもの

そのとき欲しているもの

POP心理学 4

相手を説得したいときは食事をするのがよい

ジャニスたちは、空軍の軍縮を論じた論説を、ピーナッツとペプシコーラを食べながら読む場合と、何も食べずに読む場合で、説得のされ方に違いがあるかどうかを調べました。すると、食べずに読んだ人は47.6%が賛成しただけでしたが、食べながら読んだ人は67.2%も賛成してしまいました。食べることで満足し、論説にも好意的になったり、また、食べているときは副交感神経系が活動し、興奮が抑えられるので、意見を聞き入れやすくなるのかもしれません。

ビジネスシーンでは大事な商談をする場合、料亭などで相手を接待しますね。食事を利用して説得する方法を「ランチョン・テクニック」といいますが、これも「食事は楽しい雰囲気で食べたい」「食事中に相手と対立するのは雰囲気を悪くしてしまう」と相手に思わせて、有利に話を進めるための手段なのです。意見が対立した場合も料理を話題にして間を持たせることができます。ですから、できるだけおいしく、雰囲気のいいお店で接待することが大切です。これは女性を口説くときも同じかもしれませんね。

第5章

学習と記憶の心理学

学習とは

5-1

経験を通じて行動に変化が生じること

私たちの行動やものの考え方は、日々の経験の影響を受けて形づくられ、また、新たな経験を積むことで変化していきます。この過程を心理学では「学習」といいます。学習は「経験を通じて、行動に比較的持続性を持つ変化が生じる現象」と定義することができます。

ですから、嫌な匂いを嗅《か》いだ場所を避けるようになったり、梅干を見ただけで唾液が出てしまったりすることも学習ということになります。人間の行動は、この学習を通じて習得される行動が大部分であり、また動物にも学習能力はあります。

では具体的にはどのような学習があるのでしょう。まず、「馴化《じゅんか》」というものがあります。あまり重要でない刺激が、何度も繰り返して与えられると、反応が低くなるという現象です。時計の秒針の音は注意して聞かないと、聞こえてきません。いつも聞こえていると、これに反応するエネルギーが消費され、疲れてしまいます。また、時計の音だけにとらわれると、ほかの重要な音を聞き逃したり、いろいろな音に反応して身動きがとれなくなってしまいます。

また、「脱馴化《だつじゅんか》」といって馴化が生じたところに違う刺激（強度は同じ）を与えると、反応が回復するという現象もあります。

馴化と脱馴化の実験は、左ページのような、乳幼児の心を調べる実験でよく用いられています。

馴化と脱馴化の実験

赤ちゃんがおしゃぶりを吸うと、目の前にあるスクリーンにスライドが映る

↓

おしゃぶりとスライドの対応関係に気づいた赤ちゃんは、盛んにおしゃぶりを吸ってスライドを見たがる

↓

現われる画面が同じだと、やがておしゃぶりを吸う頻度が低下する＝**馴化**

↓

新しいスライドに替えると赤ちゃんは再びおしゃぶりをよく吸うようになる＝**脱馴化**

※スライドの代わりに、おしゃぶりを吸うとスピーカーから音が出るようにした実験でも馴化と脱馴化がみられる

5-2 刷り込みとは

発達初期にみられる限定された学習

1973年にノーベル生理学・医学賞を受賞したオーストリアの動物行動学者、コンラード・ローレンツは、「刷り込み（インプリンティング）」という学習を発見しました。

ハイイロガンの卵を人工孵化してガチョウに育てさせる実験をしているとき、ほかのヒナはガチョウを親だと思ってついていったのですが、コンラードの目の前で孵化《ふか》したヒナだけは、彼を追いかけるようになりました。このことから、ヒナは生まれてすぐ目の前にある、大きくて動くものを親だと覚えこんでしまう習性があることがわかったのです。また、コクマルガラスというカラスは、敵の姿を見ると警告音を発し、それを聞いた鳥はいっせいに隠れます。敵の姿を知らない若鳥でも、警戒音を1回聞くだけで逃げることを覚えるそうです。

刷り込みの特徴は、次の5点です。

①発達初期の限られたとき（臨界期）にだけ生じ、短時間で学習が成立する
②特別な報酬や罰がなくても生じる
③いったん成立した反応は消えにくい
④成立する反応は限られている
⑤性的刷り込みによって、親と同種の動物を配偶者に選ぶ

人間には鳥のような刷り込みはありませんが、生後6ヵ月前後の乳幼児の親への愛着や3、4歳児の言語獲得のように刷り込みに似た臨界期がみられるものもあります。

刷り込みとは

● ハイイロガンの場合
ヒナは生まれてすぐ目の前にある、大きくて動くものを、親だと思い込む

● コクマルガラスの場合
敵を知らなくても、仲間の発する警戒音を一度聞いただけで、身を隠すようになる

● 人間の場合……刷り込みはない
赤ちゃんの親への愛着
幼児の言語獲得
など に刷り込みに似た臨界期がみられる

5-3 古典的条件づけとは

パブロフの犬の実験でわかったこと

「馴化」と「刷り込み」はやや特殊な学習原理でしたが、学習の基本的原理には、「古典的条件づけ」「オペラント条件づけ」「観察学習」の3つがあります。

古典的条件づけは、ロシアの生理学者・パブロフにより発見、検証された原理です。犬はえさを与えられると唾液を分泌します。これは生まれつきもっている反射（無条件反射）です。ベルの音など、食べ物以外の刺激には反応しません。しかし、えさを与える前に必ずベルを鳴らすと、犬は次第にベルの音を聞いただけで、唾液を分泌するようになります。

唾液とは本来無関係のベルの音（中性刺激）が、無条件反応（唾液を分泌する）を引き起こす無条件刺激（えさ）と一緒に提示されることで、ベルの音が中性刺激から条件刺激に変わったのです。このように条件刺激を提示した直後に無条件刺激を提示することを、「強化《きょうか》」といいます。また、ベルの音を聞いて唾液が分泌されるようになった犬に、ベルによく似た音を聞かせても唾液が出るようになります。これを「般《はん》化《か》」といいます。さらにある音を聞かせたあとはえさをやり、別の音のときはえさをやらないということを繰り返すと、えさをもらえる音のほうにだけ反応するようになります。これが「弁別《べんべつ》」です。そしてベルを鳴らしてもえさをやらないでいると、やがて唾液は出なくなります。これを「消去《しょうきょ》」といいます。

パブロフの犬の実験

（1）
- 犬にえさを与える＝えさは無条件刺激
- 犬は唾液を分泌＝無条件反応
- 犬にベルの音を聞かせても
  唾液は出ない＝ベルは中性刺激

（2）そこで、えさを与える前に必ずベルを鳴らす

⇩ **強化**

ベルの音を聞いただけで唾液を分泌

- 犬にとってベルの音が中性刺激から条件刺激に変わる
- 条件刺激を提示した直後に無条件刺激（＝えさ）を提示することを強化という

（3）この犬にベルによく似た音を聞かせる

⇩

唾液が出る

般化

（4）ある音を聞かせたときはえさを与える
別の似た音を聞かせたときはえさを与えない

⇩

犬はえさをもらえるほうの音だけに
反応するようになる

弁別

5-4 オペラント条件づけとは

試行錯誤を繰り返すうち学習する

新しいソフトをパソコンで使い始める際に、マニュアルをしっかり読んで操作する人と、適当にいじっているうちに使い方を覚えてしまう人がいます。後者のように試行錯誤を繰り返すことによって学習が成立することを最初に示したのは、アメリカの心理学者ソーンダイクでした。

ソーンダイクは、「問題箱」と呼ばれるかんぬきがついた箱に空腹の猫を入れ、箱の前にえさを置いて観察しました。かんぬきはひもを引くとはずれ、外に出られます。猫は箱から出ようとしてさまざまな行動を試みているうち、偶然ひもを引いて外に出て、えさを食べることができました。やがて問題箱に入れられるとすぐにひもを引いて外に出るようになりました。

スキナーも同様の実験を行ないました。「スキナーボックス」と呼ばれる装置に空腹のネズミを入れ、行動を観察したのです。箱にはバーを下に押すとえさが出てくる仕掛けがあり、ネズミはうろついたり壁を引っかいたりという探索行動を繰り返したあと、偶然バーを押してえさを食べることができました。やがて自発的にバーを押すようになり、バー押し反応が条件づけられました。

このようにソーンダイクやスキナーによって研究された条件づけを、「オペラント条件づけ」または「道具的条件づけ」といいます。

オペラント条件づけとは

ソーンダイクの実験

かんぬきがかかっている問題箱の中に空腹の猫を入れる

箱の中のひもを引くとかんぬきは外れるようになっている

箱の前にえさを置く

いろいろな行動を中でしているうち偶然ひもを引いて外に出られる

やがて、箱に入れられるとすぐひもを引くようになった

スキナーの実験

バーを押すとえさが出てくるしくみのスキナーボックスの中に空腹のネズミを入れる

いろいろな行動をしているうち、偶然バーを押してえさを食べることができる

やがて自分からバーを押すようになる

5-5

観察学習とは

ほかの人の行動を真似して学習する

カナダの心理学者バンデューラは、社会学習理論（モデリングによる学習）を提唱し、学習が他者の行動を観察することによっても成り立つという「観察学習」を実証しました。

ほかの動物とは異なり、社会の中で成長していく人間は、他者の行動に関心を示し、同じような行動を身につけようとします。

条件づけの学習では、人間や動物が報酬や罰を与えられる必要がありました。しかし、観察学習では直接報酬や罰を与えられなくても、モデルとなる他者が報酬や罰を与えられているのを観察した者が、その行動を学習することが可能です。これを「代理強化」といいます。

バンデューラは幼児の攻撃行動がモデリングによって学習される過程を、幼稚園児を対象にボボ人形という風船のような人形を使った実験で明らかにしています。まず幼児を2つのグループに分け、1つのグループには1人のおとながボボ人形に対して悪態をついたり頭を殴ったりしているところを見せます。他方の幼児たちには、乱暴はせず遊んでいる様子を見せます。

その後、子どもたち1人ずつにボボ人形で遊んでもらうと、前グループの子どもたちはおとなの攻撃行動を模倣するという結果が出ました。また別の実験では、暴力行使をした者が罰せられる場面を見せると、攻撃行動が減りました。

おとなは、いつも子どもたちに影響を与えていることを意識して行動したいものです。

観察学習とは

●バンデューラの実験

幼児を２つのグループに分ける

おとながボボ人形と普通に遊んでいるところを見せる

幼児も普通に遊ぶ

おとながボボ人形に悪態をついたり頭を殴ったりしているところを見せる

幼児も人形に乱暴をする

5-6 学習の方法

効率的に技能を身につけるには

学習による進歩や効果を表わすものに「学習曲線」があります。学習開始からの経過時間、試行回数などを横軸に、成績を縦軸にとってグラフに表わしたものです。

グラフには成績が伸び悩み、進歩が止まってしまう状態がときどき起きますが、これが「高原（プラトー）現象」といわれる状態です。学習者の動機づけの低下、疲労、間違った学習法の定着、困難な課題、学習方針の変更などが理由に考えられます。

では、何かの技能を効率的に獲得するには、どのような方法がよいのでしょう。まず学習時間の配分に関しては、2種類あります。与えられた時間に休憩なしで学習する「集中学習」と、時間の間隔を開けて学習する「分散学習」です。タイピングの練習の実験で、毎日長時間集中的に練習したグループより、1日1時間のみ練習をしたグループのほうが短時間で技能を習得することがわかりました。

また、運動技能では同じ動きを反復して練習する「単純反復練習」と、複数の動きを経験する「多様性練習」では、多様性練習のほうが課題の保持がよいことがわかっています。英単語を覚えるには単純反復練習より、覚えられていない順に単語カードを並べ替える「Low-First方式」が効果的です。さらに、結果の「フィードバック」がいつもすぐに与えられることが、上達の近道です。

効率的な学習方法

●時間の配分

集中学習

分散学習

分散学習のほうが効率的

●運動技能

単純反復練習

多様性練習

多様性練習のほうが身につく

5-7

記憶のシステム

覚えたものを保存し必要なときに思い出す

学習したことを将来に生かすためにきちんと覚えていることを、「記憶する」といいます。記憶には3つの過程があると考えられています。テスト勉強を例に挙げると、日本史なら歴史上の出来事や人物名、年号など、まず試験に必要な情報を覚えこみます。この情報を正しく記憶に入れることを「記銘《きめい》」といいます。そして勉強したことを試験まで、正しく覚えていなければなりません。ある期間にわたって情報を保存しておくことを「保持《ほじ》」といいます。さらにテスト用紙を眼の前にしたとき、覚えた情報を正しく記憶から取り出す必要があります。必要なときに思い出すことが「想起《そうき》」です。

このように外から入った情報は、記銘の段階で記憶に適した形に変えられます。これを「符号化《ふごうか》」といいます。情報を記憶に保持する段階を「貯蔵《ちょぞう》」といい、時間の経過とともに記憶が消失することを「減衰《げんすい》（忘却《ぼうきゃく》）」といいます。記憶は想起の段階で「検索《けんさく》」されます。覚えているはずなのにどうしても思い出せないという経験がだれにでもあります。正しく符号化し、貯蔵されていても検索に失敗すると忘れたことと同じ結果になってしまいます。

検索の過程は、情報が記憶されているかどうか決定する「予備的探索過程」、情報がありそうな記憶領域を探索する「探索過程」、探索した情報が以前に記銘した内容と同じかどうか確認する「再認過程」の3段階からなっています。

記憶のシステム

記銘

外部から入った情報を記憶に正しく入れること
記憶に適した形に変える
ことを符号化という

保持

ある期間にわたって記憶を保存すること
情報を記憶に保持する段階を貯蔵という
時間の経過とともに記憶が消失することを減衰という

想起

覚えた情報を正しく取り出すこと
情報を取り出す段階を検索という

検索の過程

- **予備的探索**　情報が記憶されているかどうか決定する
- **探索**　情報がありそうな記憶領域を探索する
- **再認**　探索した情報が以前に記銘した内容と同じかどうか確認する

5-8 記憶の情報処理モデル

記憶を貯えておく3つの貯蔵庫がある

現代では情報理論の影響から、記憶にも情報処理モデルがあると考えられています。これは符号化された情報を貯蔵する記憶貯蔵庫として、3種類のモデルを想定し、これらが相互に連携しながら記憶システムを構成しているという考え方です。

記憶貯蔵庫の1つめは「感覚貯蔵庫」です。各感覚器官を通して入ってきた外からの大量の刺激は、「感覚記憶」として感覚貯蔵庫に貯えられます。ただし視覚情報は、数百ミリ秒、聴覚情報は数秒で消失するという実験結果がありまず。必要な情報を残すためには、意識的に情報を選択する必要があります。

意識的に選択された情報は、「短期貯蔵庫」に移され、「短期記憶」となります。短期記憶が保持されるのは、刺激の種類にもよりますが、だいたい30秒だといわれています。この短期記憶で情報を維持するには、何度も復唱して忘れないようにする「維持リハーサル」が必要です。しかし維持リハーサルをしても、次の記憶貯蔵庫である「長期貯蔵庫」に長期記憶として留めておくことはできません。

そうするためには、有意味化、イメージ化、体制化などの手段をとって、情報を長期貯蔵庫に送ることが必要になってきます。これを「精緻《せいち》化リハーサル」といいます。長期貯蔵庫はデータベースのようなもので、大量の情報を知識として貯蔵することが可能です。

記憶の情報処理モデル

刺激が入力されると・・・

感覚貯蔵庫

- 外部からの刺激を感覚記憶として貯える
  視覚情報　数百ミリ秒で消失
  聴覚情報　数秒で消失

短期貯蔵庫

- 感覚記憶から意識的に選択した情報を短期記憶として貯える
  だいたい30秒で情報は消失
  忘れないためには何度も復唱する維持リハーサルが必要

長期貯蔵庫

- 短期記憶を有意味化、イメージ化、体制化といった精緻化リハーサルをした情報を長期記憶として貯える
- 大量の情報を貯蔵できるデータベース

5-9 効率的な記憶法①

どうすれば短期記憶の情報量を増やせるか

私たちが何かを覚えるとき、まず短期記憶が作動します。短期記憶の容量＝記憶範囲は、アメリカの心理学者ミラーの研究によって、「7±2」項目の範囲内であるとされています。たとえば12桁の数字を見て、すぐに覚えられるのは少なくて5桁、多くて9桁ということになります。ただし「１１９２２９６０」という8桁の数字を「いいくにつくろう」と覚えると、これで意味を持つひとつのまとまりになるので1項目と考えます。ミラーは意味的なひとまとまりの項目を「チャンク」、記銘時に大きなチャンクにまとめることを「チャンキング」と名づけました。情報をチャンキングすれば、貯蔵できる情報量を増やすことができるのです。電話番号を「０３－３２９４－８９２０」のように区切って覚えるのもチャンキングの一例です。

また、いくつかの単語を覚えようとすると、最初と最後の単語は覚えやすいけれど、中ほどの単語がなかなか覚えられないという経験があると思います。これは「系列位置効果」といいます。最初のほうの単語の再生率が高くなることを「初頭効果」、最後のほうの単語の再生率が高くなることを「新近効果」と呼んでいます。

しかし、「ブラウス、スカート、ズボン、ジャケット、セーター…」という衣服のリストの真ん中に「チョコレート」など、ほかとは違う特徴のものを入れると、ほかとは違う単語は覚えやすくなります。これを「孤立効果」といいます。

短期記憶の情報量を増やすには

● チャンキング

12桁の数字を覚えようとしても覚えられるのは5桁～9桁の範囲内

⬇

ひとまとまりの項目にまとめて、覚えられる情報量を増やす

「11922960」を「いいくにつくろう」と一つの意味としてまとめる

「0332948920」という電話番号を「03－3294－8920」というように区切る

● 系列位置効果

初代・徳川家康　2代・秀忠　3代・家光……

初頭効果…初めのほうは覚えている

14代・家茂　15代・慶喜

新近効果…最後のほうは覚えている

ブラウス　スカート　ズボン　**チョコレート**
ジャケット　セーター……

孤立効果…ほかとは違う特徴のものは覚えやすい

効率的な記憶法②

長期記憶にある情報をどうやって取り出すか

5-10

長期記憶は、3種類の情報によって構成されています。「去年の夏休みは家族で沖縄に行った」というような個人的な記憶を「エピソード記憶」といいます。「カナリアは鳥である」といった一般的な知識を「意味記憶」といいます。そして車の運転やナイフとフォークの使い方など、動作や習慣が身についている記憶を「手続き記憶」といいます。

私たちが過去に経験した事柄や覚えた事柄を、長い期間覚えているのが長期記憶です。しかし、長期記憶に貯蔵されていることが、試験で出題されても、正しく答えられるとは限りません。出題方法によって思い出しやすさに違いがあり、その記憶を調べる方法によって、成績が違ってくるのです。

一番難しいのは、覚えたことをそのまま再現する「再生」です。再生の際に、答えの最初の文字があらかじめ書いてあるなど、ヒントが与えられている場合、ずっと思い出しやすくなります。これを「手がかり再生」といいます。また、選択肢の中から選ぶという、覚えたものと一致するかどうかの確認問題は、再生よりも容易にできます。これを「再認」といいます。

短期記憶から長期記憶に移行させるには、単に何度も発音してみるといった単純な処理よりも、その情報の意味を解釈したり、ほかの情報と関連づけたりといった深い処理を行なうほうがよいとされています。

長期記憶の種類

● エピソード記憶

「去年の夏は飛行機で
沖縄に行って、家族で
スキューバダイビングをして、
おいしい沖縄料理を食べて、
泡盛も飲んだわ」

● 意味記憶

カナリアは
鳥である

● 手続き記憶

車の運転、
テーブルマナー

長期記憶の情報を取り出すには

「記憶の種類を3つ答えなさい」という問題があるとすると…

● 再生

（覚えたものをそのまま再現）

答え ＿＿＿＿＿＿＿＿＿＿

● 手がかり再生

（ヒントが与えられている）

答え 感□記憶
短□記憶
長□記憶

● 再認

（選択肢の中から選ぶ）

「次の中から3つ選びなさい」

感覚記憶　視覚記憶　短期記憶　中期記憶　長期記憶
再認記憶　再生記憶

再生より再認のほうが取り出しやすい

5-11 効率的な記憶法③

いろいろな記憶のテクニックを身につけよう

古代ギリシャの詩人シモニデスが開祖といわれる記憶術は、その後いろいろな方法が開発され、活用されています。記憶術の代表的なものを紹介しましょう。

●**場所法**　最も古い記憶術で、自分の家や部屋、家具などに記憶したい事項を結びつけて記憶する方法。

●**物語法**　記憶したいことを次々と組み込んで物語の中に登場させる方法。

●**ペグワード法（カケクギ法）**　ペグとはカケクギのことで、たとえば数字の1にあることを結びつけて覚え、以下順に2、3、4というように数字に記憶すべき項目を引っ掛けて覚える方法。また、数字でなくても頭、目、鼻、口というように身体の一部や、父、母、兄、妹、祖母、祖父など人物をペグとして、それぞれに新しく覚えたいことを引っ掛ける。

●**語呂合わせ法**　歴史の年号や、数学の平方根など数字の羅列を覚えるのに適した方法。数字を仮名に置き換え、適当な文章を作る。「鳴くよ（794）鶯《うぐいす》、平安京」「$\sqrt{2}$＝一夜一夜に人見ごろ（1.41421356）」など。

●**イメージ法**　単語を覚える場合など、なるべく具体的で奇抜なイメージをつくって覚える。

●**頭文字法**　記憶したいものの頭文字をとって覚える方法。「アメリカ五大湖HOMES＝ヒューロン湖、オンタリオ湖、ミシガン湖、エリー湖、スペリオル湖」など。

いろいろな記憶テクニック

「カバン」「サイフ」「カサ」…を覚えるとき

● **場所法**

玄関に「カバン」を置き、隣の廊下に「サイフ」を置き、台所の入口に「カサ」をたてかけ…というようによく知った場所に覚えるべき項目を関連させる

● **物語法**

「カバンからサイフを出してカサを買った…」というように意味のあるストーリーをつくる

★**語呂合わせ法の例**

3の平方根
　人並みに奢《おご》れや女子（おなご）
　1.732 0508 075

5の平方根
　富士山麓《さんろく》にオウム鳴く
　2.236 0679

1549年フランシスコ・ザビエルによりキリスト教伝来
　以後よく広まるキリスト教

1868年明治維新
　ひとつやろうや明治維新　　など

5-12 スキーマとは

なぜ覚えていたことが変わってしまうのか

私たちが電車に乗ってどこかに出かけるとき、まず料金表で目的地までの料金を調べ、切符を買い、改札機を通って、目的地行きのホームに行き、電車に乗る、という一連の行動をスムーズに行なっています。このようにひとつひとつの行動ではなく、一連の行動として体系づけて記憶している知識を「スキーマ」といいます。

私たちは膨大な知識の中から最も適したスキーマを取り出して利用していますが、不適切なスキーマを取り出してしまったり、スキーマが取り出せなかったりした場合は、正しい行動をとることができません。

イギリスの心理学者バートレットは、被験者にさまざまな文章や絵を覚えてもらい、時間が経過してから再生してもらう実験をしました。その結果、記憶は個人的な解釈や経験などによって変化してしまうことがわかったのです。被験者たちは自分の記憶が変化したことには気づいていません。バートレットは、人間の記憶は過去の経験から形成されたスキーマの影響を受けて、再構築されると主張しています。

また、残虐なシーンがあるビデオとないビデオを、それぞれ別々のグループに視聴させ、登場人物の特徴や事物の詳細をどちらがよく記憶しているか調べた実験があります。結果は残虐シーンがあるグループのほうが成績は悪く、ショッキングな情動体験は記憶をあいまいにすることがわかりました。

記憶の内容が変わってしまうのは

内容

- 快適な出来事は記憶されやすいが、不快な出来事は変容されやすい
- 馴染みがないものは自分のスキーマに当てはめて理解するので変容されやすい

年齢

年齢が低いほど暗示により記憶が変容されやすい

ショッキングな体験

記憶をあいまいにし、影響されやすくなる

その他

不安傾向や偏見の影響で変容してしまう

5-13 忘却とは

覚えたことを忘れてしまうメカニズム

ドイツの心理学者エビングハウスは、忘却の過程についての実験を行ないました。「WAV」のように言葉として意味のない文字列（無意味綴り）のリストを完全に暗記したあと（原学習）、一定時間後に再学習を行ない、再学習は原学習に比べて何%試行が短くてすんだかを記憶の指標としました。このグラフを忘却曲線といいます。忘却は急速に進み、20分後には58%、1日後には26%しか節約できません。その後の忘却は緩やかになり、1ヵ月後も21%節約できました。また、意味のある言葉や知識では、忘却はもっとゆっくり起こると考えられています。

では、忘却の原因は何でしょう。被験者に無意味綴りをさせたあと、すぐに睡眠をとらせるグループと、起きているグループとで忘却の度合を比較する実験で、起きていたほうが成績は悪いという結果が出ました。起きている間の活動経験が無意味綴りに干渉して、綴りを思い出すことが困難になったためで、この現象を「逆向抑制」といいます。逆に新しく覚えたものが、それ以前に覚えたものによって干渉され、想起が困難になることを「順向抑制」といいます。

忘却は干渉によって生じるとする考え方を「干渉説」と呼んでいます。また、使用されない記憶が自然に崩壊する「自然崩壊説」、長期記憶から必要な情報を取り出す際に検索が不十分で想起できない「検索失敗説」、忘れることによって自我を守ろうとする「抑圧説」などがあります。

忘却の過程

●忘却曲線

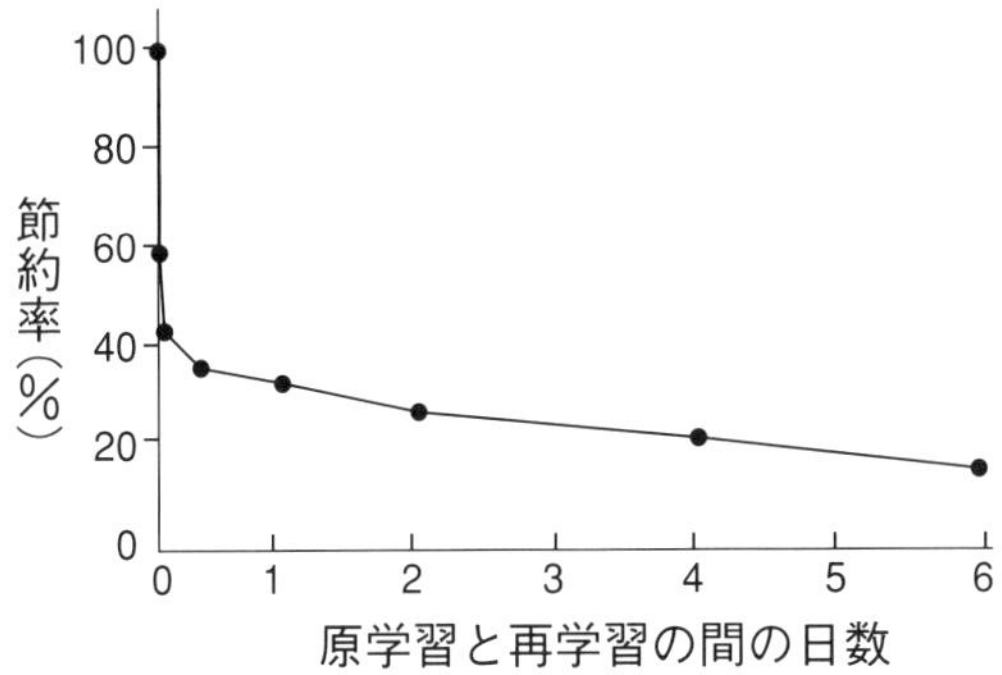

（出典・エビングハウス, 1885年）

●睡眠と忘却の関係

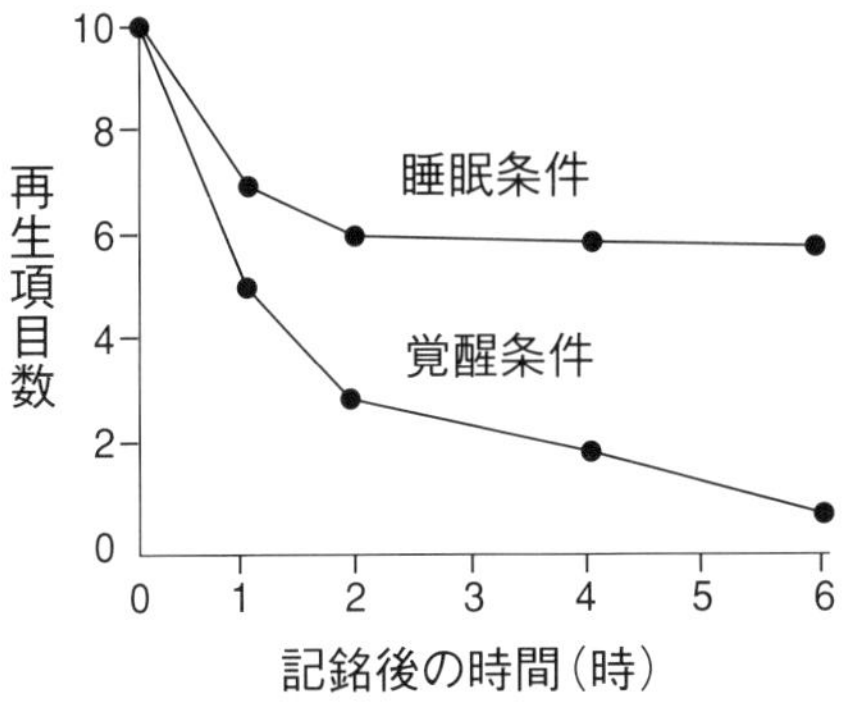

（出典・ジェンキンス、ダレンバック, 1924年）

POP 心理学 5

暗黙の強化というメカニズム

言ってはいけない一言、というのがありますが、特に男女の間では軽はずみな一言で振られてしまう事態になることもあります。デートのとき、男性が何気なく彼女の友だちを褒めてしまったとたん、彼女の顔色が変わり、そのまま帰られてしまったという経験をした人がいます。実は彼女とその友人はライバル関係でもあったのです。

人間には他人と比較されると「暗黙の強化」というメカニズムがはたらくのです。これは他人が褒められると自分がけなされたように思ってしまう心の変化です。これがライバル同士でなければ、暗黙の強化はあまりはたらかなかったのです。逆にライバルがけなされれば、自分が褒められたように感じます。これも「暗黙の強化」です。

第6章

言語と思考の心理学

6-1 言語の機能①

コミュニケーションとしての言語とは

人間を他の動物と区別するものは、言葉を使用する、という点です。高いレベルの行動である言葉の機能を理解することは、同時に人間を理解することにもなります。

言語は、人間が物事を考えるときの概念と密接に結びついています。心理学では言葉には伝達＝コミュニケーション、思考、自己統制という3つの機能があると考えられています。

人間はどんな民族でも固有の言語を使っています。言語の種類は多様でも、意思や感情の伝達手段であることは変わりません。そしてコミュニケーションは、情報を送る人（送り手）、その情報を受け取る人（受け手）、送られた情報（メッセージ）の3つから成り立っています。

あなたが友人にメッセージを送ると、今度は受け手であった友人が送り手となり、メッセージを返してくれますね。このようなコミュニケーションを「双方向性コミュニケーション」といいます。また、テレビや新聞のように一方的にメッセージが送られ、受け手から返信できないようなものは、「単方向性コミュニケーション」と呼ばれます。

コミュニケーションとしての言語には話し言葉（音声言語）、書き言葉（書記言語）、身振り、点字や指文字など記号を用いた言葉、さらには笑い声、泣き声、うなり声、表情、動作などが含まれます。これらメッセージを送るための手段のことを「チャネル」といいます。

言葉の持つ機能

伝達
コミュニケーション

思考

自己統制

コミュニケーションとは

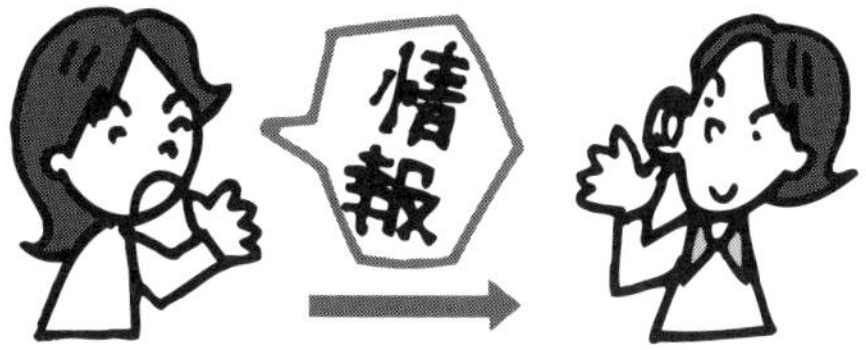

情報の送り手　　情報　　情報の受け手

3つから成り立つ

チャネルとは

メッセージを送るための手段

言語の機能②

思考とは自分自身に話しかけること

6-2

人間の内部で言葉によって考えることを「思考」といいます。スイスの心理学者ピアジェは、6歳児を観察し、集団の中で話していても他人の反応を期待しない「集団内独話」や、一人遊びをしているときに発する独り言などの割合が多いことを見出しました。これらの言語を「自己中心語」といいます。そして7歳くらいからコミュニケーション機能を持つ「社会性言語」を獲得すると考えました。

これに対して旧ソ連の心理学者ヴィゴツキーは、自己中心語が全くコミュニケーション機能を持っていないとはせず、コミュニケーションの相手は自分自身であるとしました。課題の解決が困難な場合、子どもは言葉による解決を探して、自分自身に話しかけていると考えたのです。自己中心語は、思考の道具としての機能を持つということになります。

さらにヴィゴツキーは、言葉の「外言」と「内言」という機能を区別するべきだと主張しました。もともと他者とのコミュニケーションの手段であった音声言語が、思考の道具として用いられるための「外言」と、思考の道具として用いられる「内言」に分かれていくのです。そして自己中心語は、言葉が思考と関わりを持ち始める時期に一時的に現われるものだとしました。

言語と思考は、区別できるものではなく、自己中心語以降の発達で、影響を与え合いながら統合されていくものだという考え方です。

自己中心語と内言・外言

自己中心語

6歳児

- 集団内独話…集団の中で話していても反応を期待しない
- 独り言…一人遊びをしているときに発する
- コミュニケーション機能を全く持たないのではなく、自分自身に話しかけている→思考の道具

くるまを
駐車場に
入れます

内言と外言の分化

7歳児以降

- コミュニケーション機能を持つ音声言語（外言）
- 思考の道具としての自己中心語は内面化され、内言となる

コミュニ
ケーション

6-3

言語の機能③

内言によって自分の行動や感情を制御する

言葉によって、自分の行動や感情をコントロールすることを、「自己統制（自己調整）」といいます。ヴィゴツキーの後継者であるロシアの心理学者ルリアは、ボタン押しの実験から内言のみによって自分の行動を統制することを見出しました。

これは赤いランプがついたらボタンを押し、青いランプがついたらボタンは押さない、という実験です。3、4歳児ではなかなか成功しませんが、赤ランプのときに「押せ」と言わせ、青ランプのときは何も言わせないでやってみると、課題をうまく遂行することができました。

しかしその後、赤ランプがついたときには同じように「押せ」と言わせますが、青ランプがついたときには「押すな」と言わせて実験すると、赤ランプ、青ランプがついたときの両方ともボタンを押してしまいます。言葉は単に運動を促す合図ととらえられてしまうのです。

5、6歳児では「押せ」「押すな」という言葉どおりに正しくボタンを押せるようになります。また、声に出して言わなくても、内言によって行動することができるように変わっていくこともわかりました。つまり自己中心語が内言に置き換わるのは5、6歳ということです。

人間は言語的な発達とともに、外からの命令なしに、自分自身に命令を下して、行動を起こしたり抑制したりして、適切に制御するようになるのです。

自己統制（自己調整）の実験

課題	赤いランプがついたらボタンを押す 青いランプがついたらボタンは押さない

3、4歳児

なかなか成功しない

そこで赤ランプのとき「**押せ**」と言わせる
青ランプのときは何も言わせない

↓

うまくできた

今度は赤ランプがついたら「**押せ**」、
青ランプがついたら「**押すな**」と言わせる

↓

赤ランプがついても青ランプがついても押してしまう

5、6歳児

言葉どおりに正しく押せる
声に出さなくても正しく押せる

※自己中心語が内言に置き換わる
のは5、6歳頃

6-4 いろいろな思考
心の中で行なわれる問題解決の過程

思考とは人間の心の中で行なわれる問題解決の過程とも考えられます。この過程にはいろいろな形があります。

物事について論理的に考える「論理的思考」のときには、言語や記号を使って考える「言語的思考」が多く、人の顔や道順などを考えるときはイメージを思い浮かべる「非言語的思考」が多いとされています。「指向的思考」とは、日常生活の場面で目的を持って、課題を解決する方法を考える思考です。目的を持たず、無意識のうちにいろいろな考えが思い浮かんでくることは、「空想」や「白昼夢」といいます。

また、日常生活で物事を処理する際、具体例を挙げて物事を考えることを「具体的思考」、一般論として抽象的に物事を考えることを「抽象的思考」といいます。

過去の問題解決の事例に基づいて考える「再生産的思考」に対して、これまでにない新しい解決法を生み出す思考は「生産的思考」といいます。また、現実と結びつかない「空想」と「白昼夢」のほかは、現実の場面での思考なので、「現実的思考」ということができます。

命題による思考を「命題的思考」といいます。これは最も応用範囲が広い思考で、カモやハト、ツルを「鳥」という概念にまとめるように、たくさんの事物を似ている仲間にまとめる作用が「カテゴリー化」です。仲間にまとめて思考の単位となる知識を「概念」といいます。

いろいろな思考

現実的思考	現実の場面での思考
論理的思考	物事を論理的に考える
言語的思考	言語や記号を使って考える
非言語的思考	イメージとして思い浮かべる
指向的思考	目的を持って課題を解決する方法を考える
具体的思考	物事を処理するときに具体的に考える
抽象的思考	普遍的に物事を考えること
再生産的思考	過去の問題解決の事例に基づいて考える
生産的思考	新しい解決法を生み出す思考
命題的思考	命題による思考
空想・白昼夢	無意識にいろいろな考えが浮かんでくる

推論とは

経験したことがない事柄を理解する方法

6-5

人間が生きていくうえで、経験が重要であることは言うまでもありません。過去のさまざまな経験を記憶し、その記憶を利用して生活上のいろいろな場面で、適切な行動をとることができるのです。では経験したことがない場面に出会ったらどうするのでしょうか。

いくつかの前提となる事柄をもとにして、結論を導き出すことを「推論」といいます。たとえば推理小説の中で探偵が、次のような推理をしたとします。

●被害者が黒い服を着ていることを知っているのは犯人だけです。

●あなたは被害者が黒い服を着ていることを知っていました。

この前提から、犯人は〈あなた〉であることが導き出されます。このように人間は、経験から得た知識を前提として、経験していない事柄についても推論によって理解することができます。このような推論を「演繹《えんえき》推論」といいます。しかし、推論は必ずしも論理的に正しいとは限りません。

また、A子さんは末っ子なので甘えん坊だ、甘えん坊のB君も末っ子だ、だからきっと末っ子のC子さんも甘えん坊だろう、というように予想する推論を「帰納《きのう》推論」といいます。これは演繹推論のように正しい前提のもとでの推論ではなく、限られたデータをもとに、なるべく正しいと思われる結論を導く推論です。

推論とは

「経験したことのない場面に出会ったとき推理や推察によって結論を導き出すこと」

●演繹推論

いくつかの前提となる事柄をもとにして結論を導き出すこと

「被害者が黒い服を着ていると知っているのは犯人だけ」
「あなたは被害者が黒い服を着ているのを知っていた」
「だからあなたが犯人である」

正しい推論

「犯人は黒い服を着ている」
「あなたはいつも黒い服を着ている」
「だからあなたが犯人です」
（黒い服を着ている人はほかにもいる）

間違った推論

●帰納推論

限られたデータからなるべく正しいと思われる結論を導き出すこと
「A子さんは末っ子なので甘えん坊だ」
「甘えん坊のB君も末っ子だ」
「きっと末っ子のC子さんも甘えん坊だろう」

6-6 問題解決とは

目標に至るための解決法を見つける過程

心理学で使う「問題解決」とは、単に試験問題を解くことや、抱えていたトラブルが解消するといった意味ではありません。

たとえば外出中、急な雨にあい、傘を持っていなかったという場合、なるべく濡れずにすむ方法を考えるでしょう。喫茶店などで止むまで雨宿りする、コンビニで傘を買う、家に電話して迎えに来てもらう、タクシーに乗って帰る、などの方法が浮かぶはずです。

何らかの目標（この場合は雨に濡れずに家に帰る）があり、現在の状況（雨が降っているが、家に着いていない）から、目標とする状況に至るまでの手段が与えられていない（傘を持っていない）場合に、目標に至るための解決法を見つけ出す過程を、「問題解決」というのです。

問題解決にはいろいろな方法があります。たとえば詰め将棋の場合、とにかくいろいろな手を指してみて、偶然にうまくいく可能性にかける、という方法を「試行錯誤」といいます。また、将棋のあらゆる手を順番に調べていく方法もあります。このようにある手順に従って解いていけば、必ず答えにたどり着く方法が「アルゴリズム」で、コンピータ将棋はこの方法を使っています。このほか、必ず解決する保証はないけれど、うまくいけば効率的に問題が解けるという直感的な方法を「ヒューリスティック」といいます。詰め将棋の現在の状態と目標との差を見つけ、縮めていく方法がこれに当たります。

問題解決とは

何らかの目標がある

↓

現在の状況から目標とする状況に至る
手段が与えられていない

↓

目標に至るための解決法を見出す

↓

問題解決

● **試行錯誤**

いろいろな行動を起こしてみて
偶然にうまくいく可能性にかける方法

● **アルゴリズム**

ある手順に従って解いていけば必ず
正解にたどり着く方法

● **ヒューリスティック**

必ずではないが、うまくいけば効率的に問題が解
けるという直感的な方法

振られたとたん相手の悪口を言う心理

相手に振られたとたん、手のひらを返したようにけなす人がいます。実はこれは相手に振られたことを認めたくないからなのです。心理学でいう「合理化」の一種です。

合理化の例えとして有名なのは、イソップ物語の「酸っぱいぶどう」です。おいしそうな実がなったぶどうの木の下を通りかかったキツネが、ぶどうを取ろうとしましたが、どうやっても取れませんでした。あきらめたキツネは「あんなぶどうは酸っぱいに決まっている」という捨てゼリフを残して行ってしまうという話です。

どうしても手の届かないぶどうを目の前にしていてはストレスがたまり、欲求不満になってしまいます。そこで動揺を鎮めるために手に入らなかった目標（ぶどう）の価値を落としめ、自己防衛したのです。これをフロイトは「防衛機制」と呼びました。

第7章

知能と創造性の心理学

知能の定義

学習能力から適応力、社会的な知能まで

7-1

「知能」という言葉は一般的にもよく使われる言葉ですが、心理学では研究者によっていろいろな定義がされています。代表的な定義を紹介しましょう。「学校知能」と呼ばれるものには次の2つがあります。

●経験により知識や技能を獲得していく能力で「学習能力説」と呼ばれる。

●抽象的に思考したり推論する能力で「抽象的思考力説」と呼ばれる。

さらに「実用的知能」と呼ばれる2つの説があります。

●新しい環境に適応する能力で「適応能力説」と呼ばれる。

●成すべき仕事を迅速に成し遂げるように動機づけをする能力。

アメリカの心理学者で知能検査を開発したウェクスラーは「知能とは、目的を目指して行動し、合理的に思考し、その環境に対して有効に対処する個人の総合的、全体的な力である」と包括した定義をしています。現在ではこのような包括した考えが一般的になっています。

また、経験を通して習得した知識に基づく判断力や習慣を「結晶性知能」、推論や思考能力、計算能力など、どんな状況にも適応できる一般的な問題解決能力を「流動性知能」として、知能をとらえることも可能です。さらに、雄弁さや社会的有能さ、世間知といった「社会的知能」も重要な要素です。

知能とは

学習能力
抽象的思考力 } 学校知能

適応能力
動機づけする能力 } 実用的知能

経験に基づく判断力など……結晶性知能
頭の回転の速さ………………流動性知能
社会的な能力・世間知………社会的知能

これらを包括したもの

7-2 知能の構造

知能を構成する要素は多面的で複雑

知能はどのような要素によって構成されているのでしょうか。これにもいろいろな説がありますが、単一の能力ではなく、いくつかの要素によって構成されていると考えられています。

イギリスの心理学者スピアマンは、知能は全ての知的課題に共通にはたらく一般因子（g因子）と、特定の知的課題にのみ有効な特殊因子（s因子）という2因子から構成されると考えました。

一般因子とは、生まれつき備わっている知能で、経験の影響を受けないとしています。特殊因子とは、経験や学習によって変化するものです。そして、知能の個人差は、一般因子の大きさと特殊因子が優勢かどうかによって決まるという、「知能の2因子説」を唱えました。

一方、アメリカの心理測定分野の第一人者サーストンは一般因子の存在を否定し、知能は独立した7つの因子（表1）で構成され、知能の個人差は各因子のプロフィールの違いだという「知能の多因子説」を主張しました。この説はギルフォードによって「知能の3次元立体構造モデル」（図1）として発展します。ギルフォードは知能を入力情報の「内容」、情報処理過程の「操作」、出力情報である「所産」の3次元の組み合わせで決定されるとしています。

このほかの説ではスタンバーグが認知心理学の立場から、情報処理的な考えによる分析をし、「知能の3部理論」（表2）を唱えました。

知能を構成する要素

サーストンの7因子説(表1)

言語理解	言葉の意味を理解する能力
言葉の流暢性	次々に単語を思い浮かべる能力
数	計算能力
空間	空間的パターンを正確に知覚し、比較する能力
記憶	対になった単語や数字を記憶する能力
知覚の早さ	提示されたものの細部を把握したり、異なるところや同じところを見分ける能力
推理	提示された事例にある、一般的な法則を見つけ出す能力

(出典・サーストン,1938年)

ギルフォードの3次元立体構造モデル(図1)

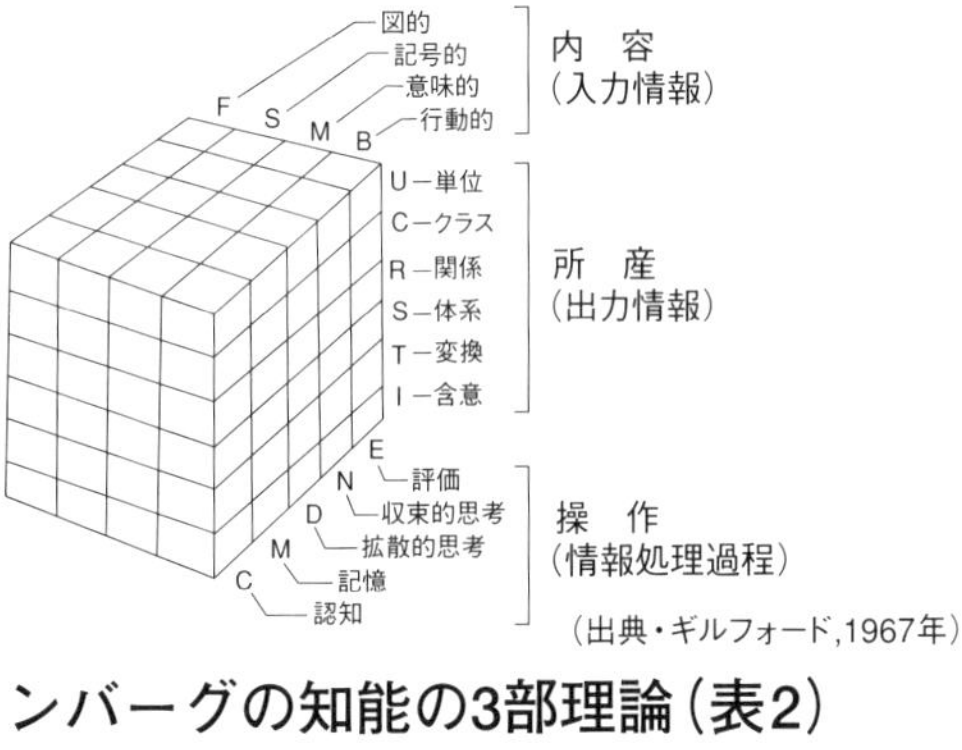

(出典・ギルフォード,1967年)

スタンバーグの知能の3部理論(表2)

構成成分(思考)	分析的能力、創造的能力、実際的能力
経験成分(経験)	経験
文脈成分(環境・文化)	適応、選択、環境の形成

(出典・スタンバーグ,1996年)

7-3 知能の測定

知能検査と知能指数が生まれるまで

フランスの心理学者ビネーは、医師シモンの協力で1905年、知的障害児を判定するため、知能検査を作成しました。これによりビネーは「知能検査の父」と呼ばれています。ビネーとシモンはある年齢の健常児の大半が正解し、それより下の年齢では正答率が低くなる課題があることに注目して、それぞれの年齢段階に対応する課題のリストを作りました。これが「知能検査」です。そして、子どもが何歳の問題まで解けたかを元に、精神年齢（Mental Age＝M.A.）を算出します。つまり、知能を得点ではなく、精神年齢で測定しようとしたのです。それに対し、子どもの実際の年齢を生活年齢（Chronological Age＝C.A.）といいます。

アメリカ・スタンフォード大学の心理学者ターマンはこの検査を発展させ、知能指数（Intelligence Quotient＝I.Q.）を求める式**I.Q.＝(M.A./C.A.)×100**を用いて、年齢の異なる集団の間でも知能水準の比較ができるようにし、「スタンフォード・ビネー知能検査」を作りました。もし自分のC.A.とM.A.が同じ場合、I.Q.は100となります。

日本でも主としてスタンフォード・ビネー検査を元に、「田中・びねー式（現／田中・ビネー式）知能検査」「鈴木・ビネー式知能検査」「辰見・ビネー式知能検査」などが開発されています。また、オーティスは一度に多人数実施できる筆記式の集団検査を開発しました。

知能検査とは

●田中ビネー式検査には、たとえば次のような問題があります。
(実際の検査とは異なります。あくまでも一例です)

- くまやみかんなどが描かれているカードを見せて、その名称を答えさせる
- ことばや文章を読み上げたあと、同じように言わせる
  例　「女の子が遊んでいます」

心理学 word book

モラトリアム
エリクソンによると、青年期にアイデンティティを獲得するため、社会的な義務や責任を猶予されている期間のことをいいますが、最近では年齢的におとなになっているのに、精神的に未熟な人を指すこともあります。

7-4 いろいろな知能検査

ビネー以後開発された新しい知能検査

知能検査は次々と新しいものが考案されてきました。「ビネー式知能検査」では全体的な知能水準を把握するには有効でしたが、知能の因子別に分析することはできませんでした。また、言語的な課題からできていたので幼児などには向きませんでした。

これらの点を補ったのが、1939年に発表された「ウェクスラー式知能検査」です。これは知能を「言語性知能（VIQ）」と「動作性知能（PIQ）」の2つに分け、それぞれの測定方法を考案したものです。

ビネー式知能検査を「一般知能検査」といいますが、ウェクスラーの検査は「診断式知能検査」と呼ばれます。

また、ウェクスラー式知能検査は対象年齢別に名前がつけられています。4歳から6歳6ヵ月の就学前児童用が「WPPSI（ウィプシ）」、5歳〜15歳用が「WISC（ウィスク）」、WISCの改訂版が「WISC−R」、成人用が「WAIS（ウェイス）」、WAISの改訂版が「WAIS−R」です。

このほかの主な知能検査には、アメリカの発達心理学者グッドイナフが考案した、描画から知能診断を行なう「グッドイナフ人物画知能検査」、言語にハンディキャップを持つ人のために作られ、積み木の模様あわせのような動作的課題から測定する「ピクチュア・ブロック（P−B）知能検査」などがあります。

いろいろな知能検査

●ウェクスラーによる知能検査

WPPSI	就学前児童（4歳～6歳6ヵ月）の検査
WISC	5歳～15歳用の検査
WISC-R	WISCの改訂版
WAIS	成人用の検査
WAIS-R	WAISの改訂版

●その他の検査

「グッドイナフ人物画知能検査」
「ピクチュア・ブロック（P-B）知能検査」

7-5 知能検査の分類

個別と集団、言語と非言語による検査の違い

ビネー以後、たくさんの知能検査が開発されてきましたが、それらの知能検査はいくつかの基準で分類することができます。

まず、被験者の数によって、「個別式知能検査」と「集団式知能検査」に分けられます。「個別式知能検査」は、検査を受ける人と検査をする人が、1対1で面接しながら検査をします。これは幼児や知的障害の検査に適しています。しかし、検査に時間がかかることと、検査するほうに技術が必要なことが欠点といえます。

多くの人をいっせいに検査するのが「集団式知能検査」です。1912年のオーティスの検査がはじめで、本格的な実施はヤーキスらによるアメリカの陸軍精神検査でした。短時間で多くの人を検査できる反面、個人の実情に合わないと、精密な診断ができないという欠点があります。

また、測定材料によっても分類ができます。「A式検査」ともいわれる、測定材料に文字や言葉を用いる検査を「言語性検査」といいます。知能の多くは言語を媒体として成り立っているのですが、幼児や外国人、知的障害などハンディキャップのある場合には不向きです。

「非言語性（動作性）検査」は、図形や記号を用いた検査で「B式検査」と呼ばれています。低年齢児や異なる言語の間でも検査が可能ですが、言語能力が除かれているので、それが大きな欠点となっています。

検査ではどんなことを聞かれるの？

これらは例題で実際の検査とは異なります

●言語性検査

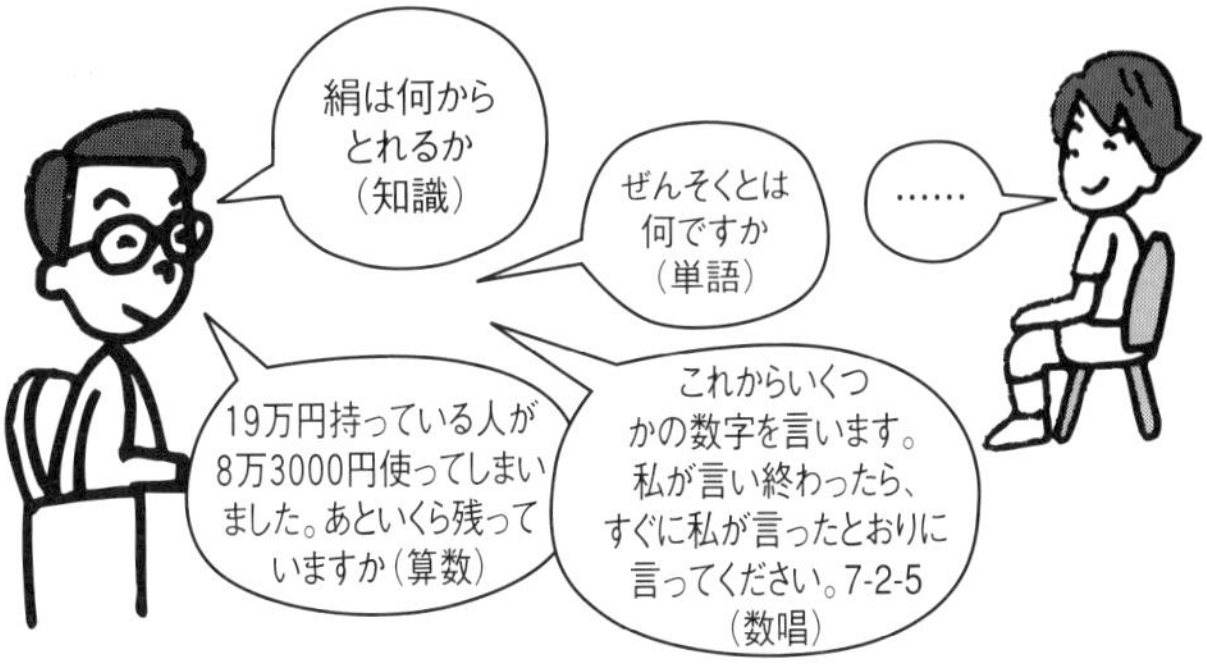

●非言語性（動作性）検査

「（タイヤのない自動車の絵を見せて）この絵を見てください。どこが欠けていますか。欠けているところを指差してください」（絵画完成）

「（3枚のカードを見せて）この絵は買い物に行った子どもの話ですが、順番が違っています。正しく並べ替えてください」（絵画配列）

知能の表示方法

知能の表示方法と知能指数の評価段階

7-6

　知能を表示する方法には、精神年齢、知能指数、知能偏差値、パーセンタイルなどがあります。

　精神年齢（M.A.）とは134ページで解説したように、各年齢別の標準知能を利用して、被験者の知能程度を年齢で表わす方法です。実際の年齢（生活年齢C.A.）を問わず、10歳の問題まで解くことができたら、精神年齢は10歳ということになります。知能指数は（I.Q.）は左ページの式で求めます。I.Q.120の人はC.A.5歳なら6歳の知能、C.A.10歳なら12歳の知能があることになります。

　知能指数を正規分布曲線に基づき、標準偏差などの単位を用いて7段階に分類したのが、表1です。ビネー式とウェクスラー式では段階区分の数値に若干の違いがあります。

　知能偏差値（I.S.S.）とは、知能レベルが平均からどのくらい隔たっているかという度合を示す方法です。集団の平均をM、個人の得点をX、その標準偏差をS.D.として、左ページの式で求められます。

　パーセンタイルとは、集団の知能得点を高い順に並べて、あなたの知能は下から何％の位置にあるかで表示する方法です。90パーセンタイルなら、あなたより知能が高い人が10％いる、40パーセンタイルなら、あなたより知能が低い人が40％いるということです。50パーセンタイルが平均的な成績になります。

知能指数と知能偏差値

●知能指数の求め方

$$\text{I.Q.（知能指数）} = \frac{\text{M.A.（精神年齢）}}{\text{C.A.（生活年齢）}} \times 100$$

●知能偏差値の求め方

集団の平均＝M　個人得点＝X

集団の標準偏差＝S.D.

$$\text{I.S.S.（知能偏差値）} = \frac{(X - M) \times 10}{\text{S.D.}} + 50$$

●知能段階点（表1）

評価段階	知能指数		知能偏差値
	ウェクスラー式	ビネー式	
最優	130以上	141以上	75以上
優	120～129	125～140	65～74
中の上	110～119	109～124	55～64
中	90～109	93～108	45～54
中の下	80～89	77～92	35～44
劣	70～79	61～76	25～34
最劣	69以下	60以下	24以下

知能に影響を与えるもの 7-7

遺伝と環境の研究

知能が遺伝の影響によって、どれだけ決まってしまうかという研究は、これまでも数多くされてきました。主な研究法には双生児を研究対象とした「双生児研究法」や、血縁関係から調査する「家系研究法」があります。

「双生児研究法」では、遺伝的に同一である一卵性双生児と、遺伝的にはきょうだいと等しく、平均50％の遺伝子を共有する2卵性双生児を比較することにより、遺伝の影響を明らかにします。「家系研究法」では、音楽家を多数輩出したバッハ一族や、研究者を輩出したダーウィン一族などがよく取り上げられます。

また、何代にもわたって成績のよいネズミ同士（または成績の悪いネズミ同士）をつがいにしてかけ合わせ、その能力が遺伝的に優秀な（または劣った）家系ができるかどうかを調べることで、遺伝の影響度をみる「選択交配法」という研究法もあります。

一方、環境の研究では、知能形成に影響を与える条件として、親の教育水準や職業、収入などの「社会経済的地位」、家族構成、出生順位などが挙げられています。親の教育態度については民主的、受容的な環境のほうが、拒否的、専制的なしつけを受けた子どもより知能が高い傾向があります。また、動物実験でも広く刺激が豊富な環境で育ったネズミは、狭く刺激に乏しい環境で育ったネズミに比べ、大脳皮質が重く、学習能力が高いことがわかっています。

知能と遺伝の研究方法

- **双生児研究法**・・・1卵性双生児と2卵性双生児を比較して遺伝の影響を研究する
- **家系研究法**・・・血縁関係の中での遺伝的伝達性を検証するための研究
- **選択交配法**・・・ネズミを使った実験から、家系における遺伝の影響度を研究する

知能と環境の動物実験

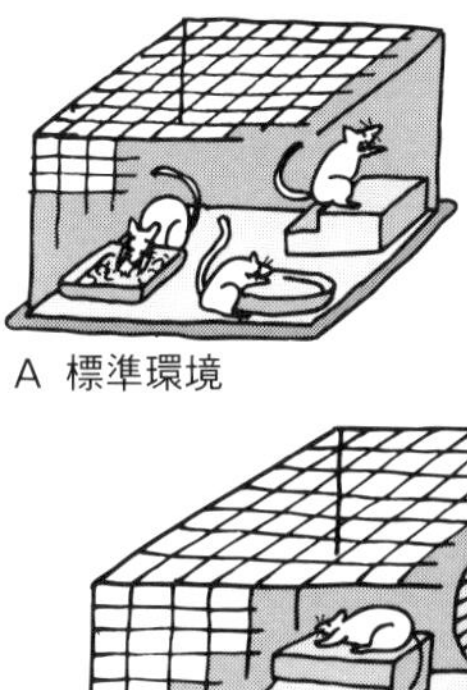
A 標準環境

B 狭く刺激が乏しい環境

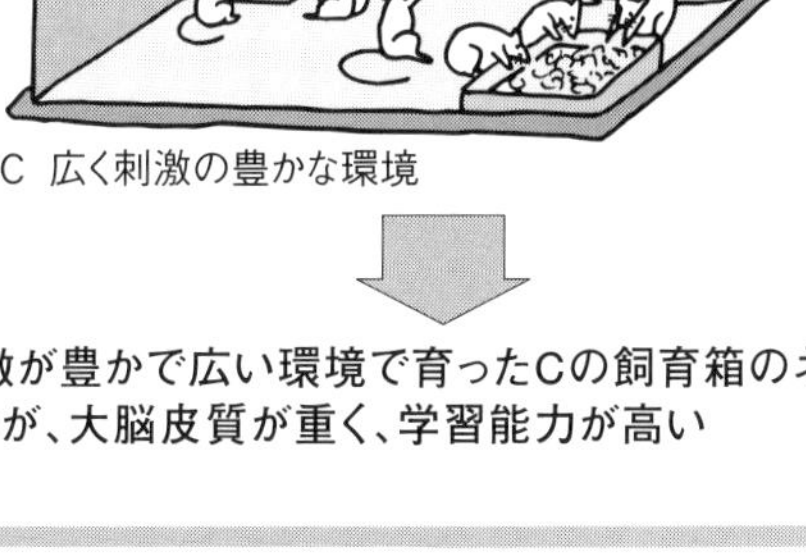
C 広く刺激の豊かな環境

刺激が豊かで広い環境で育ったCの飼育箱のネズミのほうが、大脳皮質が重く、学習能力が高い

7-8 知能と創造性

創造性を測定する検査と知能との関係は

一般的に創造性とは、独創的で新しいものを生み出す能力のことをいいます。従来の知能検査は、一定の論理に従って正解を導き出す「収束的思考」を測定するものでした。

これに対し、創造性は新しい論理を探求し、制限を超えた広い視野での思考と考えられ、「拡散的思考」と呼ばれます。「拡散的思考」は、ギルフォード（132ページ参照）によって、「知能の3次元立体構造モデル」の「操作」の次元の中にあるとしています。そして、拡散的思考は、認知と記憶と収束的思考を基礎としてはたらくものであると定義しています。

さらに、ギルフォードは、創造性と関連があると思われる6つの因子を抽出しました。この考えをもとに、創造性を測定する検査が作成されています。

たとえばアイディアの量の多さに関する検査では、「あつい」という言葉にいろいろな漢字を当てはめる「同音異義連想」というテストをして、アイディアの量のほか、独自性や思考の広がりや深さという観点で採点されます。

知能検査と創造性検査の結果の関連性については、創造性が高い人は知能も高い傾向にありますが、知能が高い人が必ずしも創造的とは限らないという結果が出ています。

芸術の分野における創造性では、知能が障害を受けていても、素晴しい芸術的才能を発揮している人がいます。

創造性の測定と検査

ギルフォードによる創造性の因子と対応する検査の例

- 問題に対する感受性（問題点を発見する能力）
  「万年筆を改良するとしたら、どんな点が考えられるか」
- 思考の流暢性（アイディア量の多さ）
  「テストという言葉から連想するものをできるだけたくさん言いなさい」
- 思考の柔軟性（新しいアイディアを広く出す力）
  「消しゴムの別の用途をできるだけたくさん工夫しなさい」
- 独自性（ユニークな発想を生む能力）
  「全ての法律がなくなったら世界はどうなるか」
- 綿密性（具体的に完成・工夫する力）
  「新しいスポーツを提案し、ルールを説明しなさい」
- 再定義（ものを異なる目的に利用できる力）
  「服は寒さから身体を守るものである、という定義以外の定義を考えなさい」

知能検査との評価の違い

例題　夜になると光っているものはなんですか？

知能検査の評価　星、月なら1点。飛行機の明かり、雷、電気、ホタルは0点

創造性検査の評価　0点の答えでもたくさん言えれば高い得点が与えられる

なかなか手に入らないものを欲しがる理由

パチンコや競馬などのギャンブルに多くの人がのめりこむのは、実はめったに当たらないからなのです。

心理学で「間歇《かんけつ》強化」といわれるものがあります。それは、「正しい反応に対して、報酬が与えられる頻度が少ない状態で身につけた反応ほど、その報酬が完全に止められたあともなお、その反応を続ける」という心理傾向です。つまり、ある行為に対する意欲を高める要素（強化）＝報酬が与えられる頻度が少ないほど、その行為を熱心にしてしまうということです。パチンコで玉が出なかったり、馬券を外してばかりいたりして、もうやめようと思ったときに大当たりが出ると、ますます熱中してしまうのです。たまに与えられる大当たりというご褒美が、やめられなくなる仕掛けとなっています。

第8章

感情の心理学

感情を理解するには

行動や身体に現われる変化から明らかにする

8-1

人間は感情の動物だという言葉どおり、私たちは生活の中でさまざまな感情を経験しています。名画を見て美しいと感じたり、素敵な異性に出会ってうきうきしたり…。しかしこれらは主観的な経験で、言葉で説明しようとしても、簡単にできるものではありません。その人だけにしかわからないものです。感情は、ある特定の精神状況を主観的にとらえたものなので、客観的にとらえるのは難しいのです。ではどうしたら、感情を理解することができるでしょうか。

大勢の前で話をしなければならない状況のときや、初めてジェットコースターに乗るときなど、動悸が早くなったり、手足が震えたり、口が渇いてしまったりという生理的な変化が生じたことがあるでしょう。同時にそわそわしたり、急におしゃべりになったりと、行動にも変化が起こります。これらは恐怖や不安という感情を持ったことにより生じる変化です。

私たちになんらかの感情が生じたときには、その感情に特有の表情や身体の反応、行動がともないます。心理学ではこの行動や生理的な変化を調べることによって、感情を明らかにしようとしています。また、怒りは敵と戦うための準備、怖れは危険を避けるための準備といったように、感情には攻撃や逃走などの適応行動を動機づける機能もあれば、表情や身体表出などで、自分の感情を人に伝えるコミュニケーションの機能もあります。

感情とは

［その人にしかわからない主観的なもの］

● 生理的な変化

● 行動の変化

● 感情の動機づけ機能

怒り…敵と戦う準備

血液を身体表面や内臓から骨格筋に再分配して闘争に備える。心拍数が増え、血圧が上昇し、呼吸も速くなる。顔面が紅潮し、瞳孔の拡大など、交感神経が活性化し攻撃行動をする。

怖れ…危険を避けるための準備

瞳孔が散大し、鳥肌が立つ。口が渇く、顔面が蒼白になる、心拍数が増えるなど、怒りと同じ、交感神経の活性化がみられるが、逃げる行動をとる。

8-2

感情の定義

感情は大きく5つに分類される

感情はその構造によって「感情（情動）」「気分」「気質」「刺激感情」「情操」の5種類に分けられます。「感情（情動）」とは、驚きや喜怒哀楽のように、主として外的刺激によって生じる一時的で激しい感情の動きで、その感情に特有の表情や身体反応、感情体験をともないます。

「気分」は、楽しい気分、憂うつな気分などのように、感情（情動）とは違って比較的長時間続く感情の波です。体調がよい日や晴れた日はよい気分になるように、気分は生理的状態や気候の影響を受けます。また、子どもたちが遠足のだいぶ前からうきうきするように、気分は将来の事象の影響を強く受けます。

「気質」は気分よりもさらに長い時間持続する感情で、性格の感情的な側面と考えることができます。いつも優しい感情を持つ人が優しい性格だというわけです。

「刺激感情」は、「バナナが好き」「この音楽は嫌い」というように、特定の刺激に対して持つ好悪の感情です。

「情操」は学問、芸術、宗教など精神的な刺激に対して生じる持続的な感情のことです。勇気や母性愛も「情操」に分類されることがあります。勇気や母性愛は情動や気分と異なり、いつも心の中にある感情で、子どもに何かあったとき、子どもを守ろうとして、強い行動を引き起こします。その行動をしないときには勇気や母性愛がないのではないのです。

感情とは

感情(情動)	● 主として外的刺激によって生じる一時的で激しい感情。喜怒哀楽など ● 感情(情動)同士は影響を与え合い、ある感情のあとで別の感情が生じると、前の感情は消えてしまうことが多い
気分	● 比較的長時間続く感情の波 ● 別の気分が生じると「気分が変わり」前の気分は消えてしまう
気質	● 気分よりさらに長時間持続する感情。性格の感情的な側面ともいえる ● いつも優しい感情を持つ人 → 優しい性格
刺激感情	● 特定の刺激に対して持つ好悪の感情 ● 感情(情動)、気分、気質などとは異なり、ある刺激感情が生じても別の刺激感情に影響を与えることはない。たとえば、「プリンが好きになったから音楽が嫌いになる」ということはない
情操	● 学問・芸術・宗教などの精神的刺激に対して生じる持続的な感情 ● 情操は時間的制約がなく、いつも心の中にある

8-3 感情の獲得と表現

感情の表わし方は人類に共通する

人間が最初の示す感情のはたらきは、「興奮」か「鎮静」かですが、生後3ヵ月までに興奮から「喜び」や「怖れ」の感情が分化すると考えられています。感情発達の研究の代表的のものに、ブリッジスによる「感情の分化図式」があります。また、恐れは生後6ヵ月頃に分化しますが、何を恐れるかについては赤ん坊が生得的に恐れるものと、43ページで紹介したワトソンのアルバート坊やの実験のように、条件づけによって学習されたものがあります。

乳幼児期の子どもは自分では感情表現を制御できません。うれしいときは飛び跳ねたり、笑ったりするというように、内部で発生した感情をそのまま表出させることが多くあります。

発達するにしたがって、次第に周りの状況に合わせて、感情を表わせるようになります。ときには哀しくてもそれを表に出さず、人に気づかれないようにしたり、うれしいことを相手にも知らせようとして、意図的にそれを表現したりするようになります。

人間の感情がいちばん表われるのは、顔の表情です。文化が違うと表情が違うこともありますが、ニューギニア人とアメリカ人の表情を比較した実験では、幸福感、悲しみ、嫌悪感を持ったときの表情には共通の特徴があったという報告があります。情緒の表出には遺伝的基礎があり、ある程度は人類共通であると考えられます。

感情の分化

[ブリッジスによる感情の分化図式]

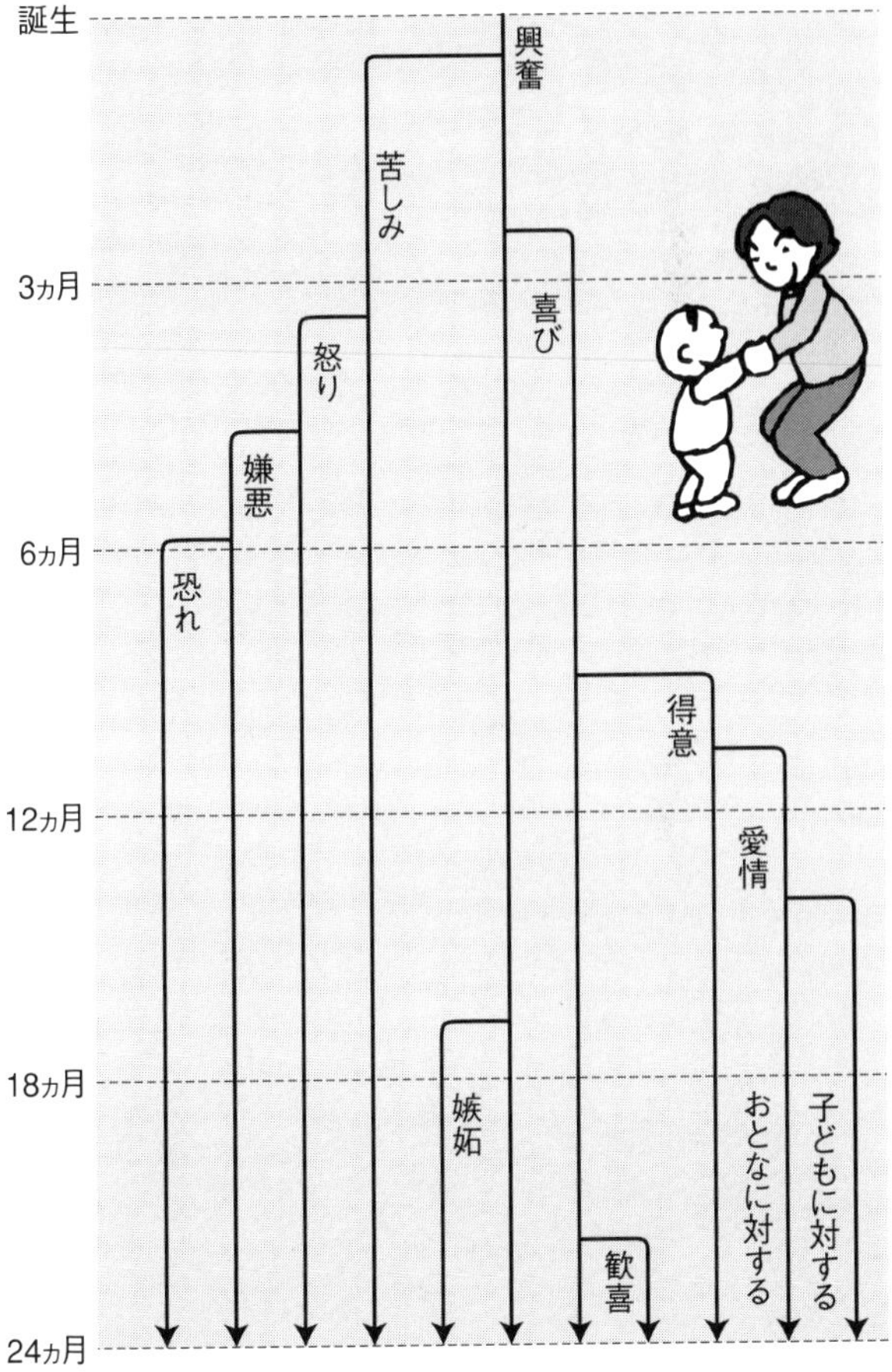

幼児における情動の分化過程（出典・ブリッジス,1932年）

8-4

感情の伝達と理解

表情は言葉より気持ちを表わしている

私たちは言葉を発するのをやめたり、心とは反対のことを言ったりして、自分の感情を知られないようにすることはできます。しかし、表情や声の調子、身振り、姿勢といった非言語的な行動から感情がもれ出すのを止めることはなかなかできません。「目は口ほどにものを言う」ということわざがあるように、一般的には言葉は建前で、非言語行動のほうが本当の気持ちを表わしていると受け止められています。

人とのコミュニケーションにおいて、相手の表情や話し方、声の調子から、相手の気持ちや気分を察して、自分がどのような態度をとればいいいか考えて行動します。表情や身振りは相手の心理状態を知るための重要な手がかりになっているのです。最近、このような感情の表出を理解するのは、脳の右半球にあるのではないかという説が発表されています。

いろいろな表情の写真を右視野と左視野に提示し、どんな写真か被験者に判断させるというエトコッフの実験では、左視野に提示したほうが、右視野よりも、より早く正確に判断することがわかりました。左視野にある視覚対象は、脳の右半球に投影されるので、表情からその人の感情を判断するはたらきは脳の右半球にあるのかもしれません。また、事故などで脳に損傷を受けた場合、左半球より右半球に損傷を受けた患者のほうが、表情から感情を察知するのが困難だといわれています。

感情を伝える方法

表情

顔にある40を超す表情筋（顔面筋）によって、複雑な表情がつくりだされ、複雑な感情の伝達ができるようになっています

普遍的な表情　（出典・エクマン,1982年）

喜び　驚き　悲しみ　怒り　嫌悪　恐れ　軽蔑

音声

呼吸器官と発声器官の調整で発声成分に違いが出て、感情が起こるとともに変化します

怒り…発話速度が速い・ピッチが高い・ピッチレンジが広いなど
喜び…怒りに比べて音質が明るい・ピッチの変化もスムーズ
悲しみ…発話速度はゆっくり・ピッチが低い・ピッチレンジは狭い・声が小さい
恐れ…発話速度が非常に速い・ピッチが高くレンジも広い・不規則な発声をともなう

((出典・マーレイ&アーノット, 1993年)

しぐさ

- 満足したときに唇を舐める
- 嘘をついたり緊張したとき、顔や頭を触る
- 微笑みなどのように言語の代わりにメッセージを補ったり伝えたりする　など

姿勢

- 開姿勢…元気なときや意気高揚しているときは顔を上げて胸を張り、背筋を伸ばした姿勢になる
- 閉姿勢…元気がないときや疲れたとき、悩み事があるときなどは、うつむいて背中を丸めた姿勢になる

8-5 感情と身体的反応

怖いから逃げるのか、逃げるから怖いのか

感情が生じると、私たちの身体にさまざまな変化が起こります。突然後ろからナイフを突きつけられたり、人前で失敗して恥ずかしい思いをしたときなど、汗がどっと出たり、身体がカッと熱くなったり、口が渇いたりします。

このような身体反応については、猛犬が近づいてくるのを見て動けなくなったり、逃げ出したりするのは、「怖くなってからだがすくんでしまった」とか「怖くなって逃げた」というように、感情が生じてから身体的変化が起こると考えられていました。

しかしアメリカの心理学者ジェームズと、オランダの生理学者ランゲは、感情が起こるのに先立って、まず対象を知覚することによって生理的・身体的な変化が生じると考えました。

つまり、猛犬が近づいてくるのを見て、身体が震えだし、その場から逃げ出します。その身体の変化を感じることが、恐ろしいという感情の体験そのものである、という考え方です。

現在では自律神経系のはたらきが、感情と密接に関係していると考えられています。自律神経系は脈拍、呼吸、血流、唾液分泌、発汗などの生理的作用を自動的に調節している交感神経系と副交感神経系から成り立っています。強い感情が生じたときは交感神経系が活発になって、生理的なはたらきに変化が生じ、脈拍や呼吸数が多くなったり、発汗したりするのです。左ページはクモを見た人の心拍数を調べた実験です。

生理的・身体的な反応

クモを怖がる女子大生と怖がらない女子大生各10人にクモが映っているスライドを見せたとき、心拍数がどう変化するか実験してみると･･･

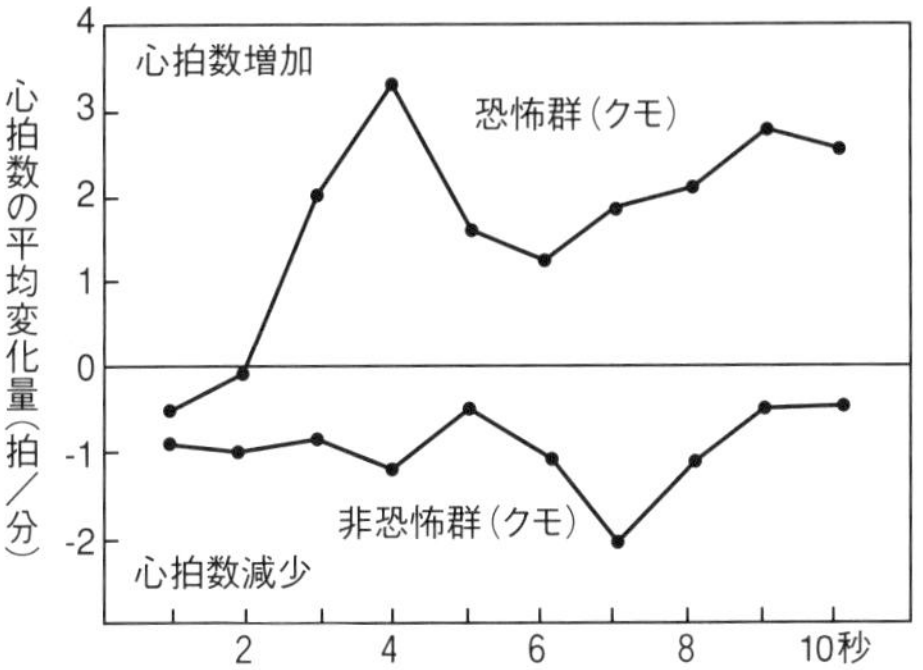

（出典・ヘア,1973年）

● 防御反応（クモを怖がる人の反応）

心拍数が増加する
感覚受容器の感受性が低下する
末梢血管が収縮する
筋緊張が増加する

● 定位反応（クモを怖がらない人の反応）

心拍数が減少する
感覚受容器の感受性が増加する
筋肉の緊張が増加する
呼吸数が減少する
末梢血管が収縮する　など

8-6 欲求と感情

欲求が満たされると快、満たされないと不快

私たちの欲求と感情の間には密接な関係があります。たとえば空腹になって食欲が生じた場合、欲求が満たされると快の感情が生じ、欲求が満たされなければ不快の感情が生じます。逆に、感情が先に生じると、それに対応した欲求が生まれます。美しいと感じると近づきたくなり、怖いと感じると逃げたくなるのです。

アメリカの心理学者E.J.マレーは、欲求を次の5つに分類しています。

①ホメオタシス性の欲求　私たちが生きていくためには、体温や血糖値、細胞内の水分濃度などの生理的状態を望ましい状態に保つ必要があります。体内の生理的状態が恒常性を保つ現象を「ホメオタシス」といいます。食欲、飲水欲求、睡眠欲求、呼吸の欲求、排泄欲求、体温維持の欲求などは、ホメオタシスを保ち固体の生存を維持するための欲求です。**②性的欲求**　性欲、母性欲求、父性欲求など、種の保存のための欲求です。**③内発的欲求**　生得的な欲求であると考えられますが、その生理学的基礎は明確ではないもので、活動欲求、好奇心、操作欲求、接触欲求などのことです。**④感情的欲求**　感情も欲求を引き起こします。「怖いものから逃げたい」などがそうです。**⑤社会的欲求**　人間関係のなかで生じる欲求です。

H.A.マレーは、欲求のテストであるTAT検査の結果から社会的欲求をさらに左ページのように20の欲求に分類しています。

マレーの社会的欲求のリスト

①屈従欲求	外的な力に服従し、過去や敗北を認め、避難や罰を受け入れる欲求
②達成欲求	困難なことを早く成し遂げようと努力する欲求
③親和欲求	友情の欲求。交友を求める欲求
④攻撃欲求	ほかのものを攻撃し、傷つけ、殺したり、罰したり、反対したりする欲求
⑤自律欲求	権威や因襲、束縛に抵抗し、自由気ままに行動する欲求
⑥中和欲求	失敗や不名誉を回復し、自尊心を保つ欲求
⑦防衛欲求	暴力や非難から自己を防衛し、正当化する欲求
⑧恭順欲求	優越者を賛美し、従う欲求。慣習に従う欲求
⑨支配欲求	他人に影響を及ぼし、支配する欲求
⑩顕示欲求	自己を印象づけ、他人を魅惑し、興奮させ、感動させる欲求
⑪傷害回避欲求	苦痛や病気、危険から回避し、用心する欲求
⑫屈辱回避欲求	失敗や屈辱、軽蔑の機会を回避する欲求
⑬養護欲求	無力な者に同情し、援助し、保護し、養う欲求
⑭秩序欲求	秩序、清潔、生理整頓、清楚、正確さを求める欲求
⑮遊戯欲求	緊張を和らげ、楽しむ欲求
⑯拒絶欲求	劣るものを差別し、切り捨て、冷淡になる欲求
⑰感性欲求	感性的なものを楽しむ欲求
⑱性的欲求	性的関係をつくる欲求
⑲求援欲求	援助や支持、同情、保護を求め、人に依存する欲求
⑳理解欲求	質問や指摘をしたり、説明、講釈をし、人に知らせる欲求

8-7 感情の2要因説

生理的興奮状態だと人を好きになりやすい

私たちが人を好きになるのはどのようなときでしょうか。シャクターという心理学者は、私たちがどのようなときに喜びや怒りを感じるのかを研究しました。その結果、「感情の2要因説」を唱えました。これは、感情は生理的興奮の状態と、興奮の原因の認知という2つの要因により、決定されるという説です。ダットンとアロンは、一目惚れをこの感情の2要因説で説明しました。

たとえば、あなたが心臓がドキドキして、唇が乾く、といった生理的興奮状態を感じたとします。そして自分がなぜこのような状態になっているか、周囲の状況から判断しようとします。そして、自分のそばに素敵な男性がいるからだということに気づきます。その結果、この男性をあなたは好きだと感じるようになります。

この説によると、恋をしたときの生理的興奮状態と同じような状態を引き起こす状況では、人を好きになる可能性が高くなるということです。たとえばスポーツをしたり見たりしていて生理的興奮状態になると、一緒にいる異性を好きになる可能性が高くなるのです。ダットンとアロンによる左ページの吊り橋の実験でも、生理的興奮状態にあるときに恋愛感情や性的興奮が高まるという結果が出ています。

さらに浜辺で美しい夕陽を見ているときなど、心地よい気分でいるときには、偶然居合わせた人に好意を持ちやすいそうです。

吊り橋の実験

[18歳から35歳までの男性を対象とした調査]

●深い峡谷にかかる吊り橋の中央

●同じ橋のたもと

●女性の実験者が、橋を渡ってきた人にアンケートをとる
実際にはTATという心理テスト（181ページ）

●最後に女性が自分の電話番号を書いたメモを渡す

●アンケートに答えた人25人中20人がメモを受け取り、そのうちの13人が電話をかけてきた（65%）

●アンケートに答えた人23人中19人がメモを受け取り、そのうちの7人が電話をかけてきた（36.8%）

心理学 8

落ち込むときは徹底的に落ち込もう

落ち込んだときには友人を誘ってカラオケや飲み会に行き、騒いでうっ憤を晴らす、という人は多いと思います。少しは気が晴れるかもしれませんが、陽気な場所にいればいるほど、「みんなは幸せそうなのに、なぜ自分だけ…」とさらに落ち込んでしまう場合もあります。

心理学では、神経が緊張しているときは急激に鎮めようとするよりも、一度さらに緊張させてから、徐々に鎮静させるほうが効果的であることが証明されています。これをアメリカの心理学者アルトシュトラーは「同質の心理」と名づけました。悲しんでいる人には悲しい音楽を聞かせ、さらに落ち込ませます。そして徐々に楽しげな音楽を聞かせたほうが、心を癒すのに効果的なことがわかっています。

第9章

性格の心理学

9-1 性格とは

性格を理解する方法「類型論」と「特性論」

人間の行動は、人それぞれ違った特徴がありま す。外に表われる行動だけでなく、価値観や考え方など内面的なものにも違いがあります。性格とは、人間の行動や思考にあるその人らしさ＝独自性と、時や状況に左右されない統一性を持つものというとらえかたができます。

性格の価値的側面を強調するときは、「人格」という表現を使うこともあります。また、性格とは感情と欲求の個人差のことであるという、とらえかたもできます。個人差のうち、能力や外見、知識などは性格とはいわないからです。

いろいろな人と接していて、似ているところを見つけたり、いくつかのタイプに分けたりすることがありますね。性格を理解するために、一定の基準で人をタイプ分けする方法を「性格の類型論」といいます。

類型論の歴史は古く、ヒポクラテスが4種類の体液による分類をしています。東洋では人相や手相、筆跡などによって性格の分類をする「観相法」がありました。

しかし、何億人もの人を少数の類型に分けてしまう類型論だけで性格を理解するのは限界があります。それを補うのが「性格の特性論」です。特性論とは外向性、誠実性など性格を構成する特性を見つけ出し、個人がそれらの特性をどのくらい持っているかを数量的に示したものです。特性論では、個人の性格の違いは程度の問題であって、質の問題ではないと考えるのです。

性格とは

［性格＝その人の性質・人格・気質・知能・技能を包括したもの］

● 性格の類型論

一定の基準で人をタイプ分けする方法

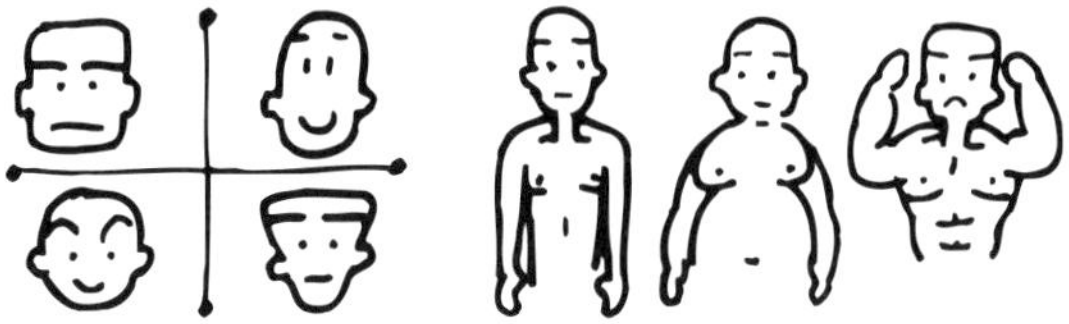

● 性格の特性論

外向性、誠実性など性格を構成する特性を見つけ出し、その人がその特性をどれくらい持っているかを数量で表わしたもの

心理学 *word book*

ポリグラフ

犯罪捜査で容疑者の供述の真偽を推測するために用いられる装置です。質問したときの容疑者の呼吸や脈拍、発汗などの変化を測定します。最近では脳波によって供述の真偽を調べる方法も開発されつつあるそうです。

9-2 性格の類型論

体型、身体器官、リビドー、価値観による類型

類型論は、20世紀になってようやく、実証的に研究されるようになりました。ドイツの精神医学者クレッチマーは気質には3タイプあり、それぞれ特定の体型や精神病と関係していることに気づきました。これを実証的に調べると、分裂気質の人の体型はスマートな痩せ型、躁うつ気質の人は肥満型、粘着気質の人は筋骨（闘士）型が多いことを見出しました。

また、アメリカの心理学者シェルドンらは身体器官の発達に注目して、人間の体型を内胚葉型、中胚葉型、外胚葉型の3つに分類し、この3つの体型が、それぞれ内臓緊張型、身体緊張型、神経緊張型の3つの性格類型に対応していると述べています。

精神分析学者ユングは、心理的な側面に着目し、人が生きるうえでの基本的な原動力であるリビドーの向きによって、「外向性」と「内向性」に性格を分類しています。外向性の特徴は、関心が外に向かい客観的、社交的、自分の考えを外に向かって表現する、自信が強いなどが挙げられています。内向性は関心が内に向かい主観的、内向的、自分の考えを表現するのが容易でない、自信が強くないなどの特徴が挙げられています。また、ドイツの哲学者シュプランガーは、人間が行動を決定するときに、どの価値基準を重視するかによって、理論型、経済型、権力型、社会型、審美型、宗教型の6つの類型に性格を分類しています。

いろいろな類型論

●シェルドンらの類型論

体型による特徴

類型	特　徴
内胚葉型	消化器・内臓の発達が顕著で脂肪太りである。骨や筋肉があまり発達していない
中胚葉型	筋肉や骨格がよく発達していて引き締まった体格。動脈が太く皮膚も厚い
外胚葉型	感覚器官や神経器官が発達しているが、内臓や筋肉はあまり発達していない。やせている

気質型による特徴

類型	特　徴
内臓緊張型	弛緩や享楽を好み食欲旺盛。愛情と承認に対して強い欲求があり社交的。困ったときには人に頼る
身体緊張型	自己主張が強く精力的。運動や冒険が好き 大胆かつ率直であり、困ったときには積極的に行動する。動作が粗雑
神経緊張型	抑制的でせっかちな反応。物静かで積極的に人間関係に入ることができない 過敏、心配性、動作が硬い、引っ込み思案。困ったときには孤独を求める

●ユングによる類型論

	外向性	内向性
感情的側面	感情の表出が自由で活発 気分の変化が早い 陽気で心配することが少ない	感情の表出は少ない 気分の変化が少ない 内気で心配性
意志的側面	精力的で独立心が強く指導力がある 決断力・実行力がある 飽きっぽい	他人に従うことが多い 考え深いが実行力はない 凝り性
思想的側面	常識的 折衷的 他人の考えでもよいと思えば取り入れる	懐疑的・批判的 理論的 自説に固執
社会的側面	広く交際する おだてられやすい 社交や会話を好む	交際が狭い 批判に敏感で傷つけられやすい

●シュプランガーによる類型論

類型	特　　徴
理論型	理に合わないことを嫌い、真理を重んじる
経済型	金銭的評価を重視し、損得によって評価判断をする
権力型	他人を支配し、権力を持つことに価値を置く
社会型	他人や社会の福祉に関心を持ち、社会奉仕に価値観を置く
審美型	美を重んじ、美的かどうかで物事を判断する
宗教型	神の存在を信じ、宗教心を重んじる。神秘的なものを怖れ敬い、憧れる

9-3 性格の特性論

特性論により細かな性格判断が可能に

「特性論」は「類型論」に比べ、性格の個々の要素について客観的な判断ができ、より細かな性格判断が可能になっています。

「特性論」という言葉を最初に使ったアメリカのオルポートは、性格特性を質ではなく量の問題と考えました。辞書から性格を表現する言葉を選び出し、積極的－消極的、明るい－暗い、というように対にして、それらがどのあたりに位置するのかを測定しようと試み、さらに個人の特性を理解するために「個別特性」と「共通特性」という概念を示しました。個人特有の特性である個別特性を理解するためには、日記や自伝、手紙などの分析を行ないます。多くの人に当てはまる共通特性を理解する方法として「心誌（サイコグラフ）」を開発しました。

キャッテルはオルポートの考えを発展させ、外部から観察できる行動の54の特性に注目し、因子分析という統計の方法で、16の根源的な特性を抽出し、さらにこれを用いて「16PF人格検査」を作成しています。

そしてアイゼンクは、特性論ではその人の印象が断片的になってしまうと考え、類型的な見方も加えて精神医学的な診断、身体的差異、質問紙テスト、客観的動作テストなどのデータを幅広く分析しました。そして性格は向性次元（内向的－外向的）、神経症的傾向の次元（不安定性－安定性）、さらに精神病質傾向の次元の3つの次元から構成されていると考えました。

いろいろな特性論

●オルポートの特性論

- **個別特性**…個人特有の特性
- **共通特性**…多くの人に当てはまる特性

●キャッテルの特性論

- **独自特性**…個人に特有な特性
- **共通特性**…個人間に共通の特性
- **表面特性**…外部に表われる特性
- **根源特性**…人格を構成する特性

16の根源的な特性とは

思いやり・知能・情緒安定性・支配性・陽気性・模範性・大胆さ・感受性・疑い深さ・想像性・鋭敏性・罪悪感・進歩性・自信・自己統制・緊張性

●アイゼンクの特性論

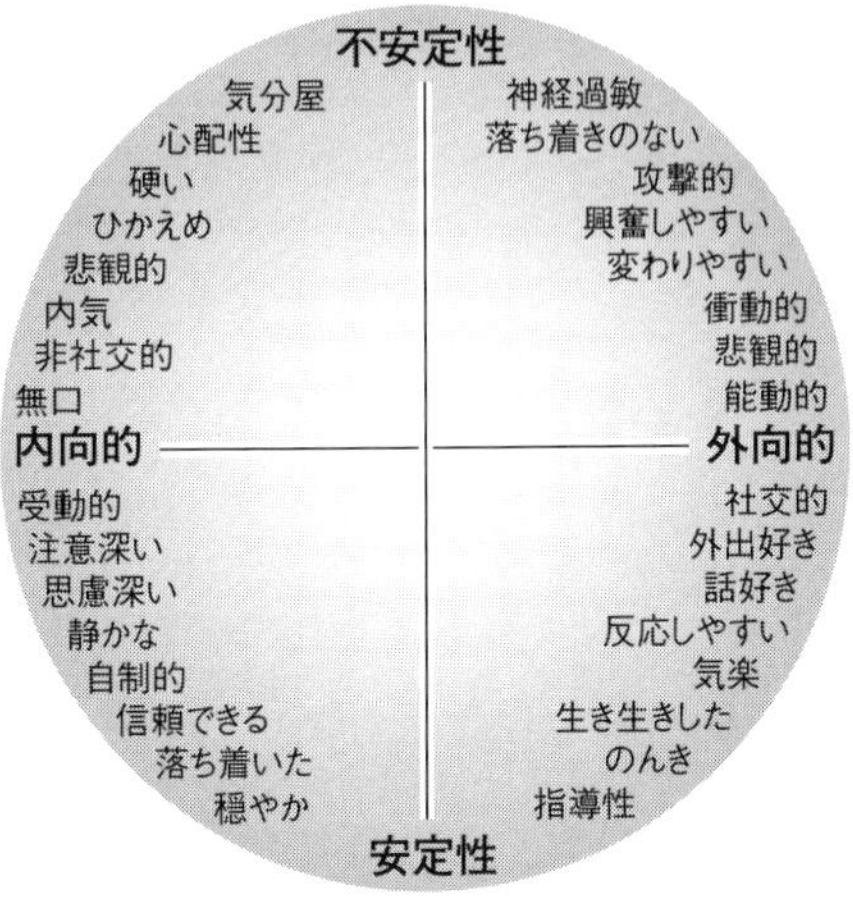

9-4 性格の因子論

因子分析で選び出された「ビッグ5」

特性論では性格特性をいくつ選ぶのかということが問題になります。

オルポートらはウェブスターの辞書にある性格を表わす用語約1万8000語から、不明瞭な語や同義語を除いて、4500語を特性表現用語として選びました。

前項で紹介したキャッテルは、オルポートらのリストをさらに200以下に精選し、これを元に「因子分析」という手法を用いて16個の因子（性格特性）を抽出しました。それに対しアイゼンクは同様の手法を用い、3つの因子で性格が説明できると主張しています。

最近の研究では、5つの因子で性格をほぼ記述できるとする「5因子論」が主流になっています。

この5因子は「ビッグ5」と呼ばれています。マックレーとコスタによる研究では、左ページのような5因子と、それぞれの因子を特徴づける代表的な特性尺度が挙げられています。

ビッグ5の5因子にどのような名前をつけるべきかについては、まだ研究者の間で一致がみられませんが、「経験への開放性」「誠実性」「外向性」「調和性」「神経症的傾向」のそれぞれ英語の頭文字をとった「OCEAN」が現在のところ有力です。

甲南女子大学の辻平治郎らは、ビッグ5を日本の文化に合わせて作り直し、「5因子性格検査（FFPQ）」を作成しています。

ビッグ5とは

特性因子	代表的な特性尺度
開放性	典型的ー独創的 慎重なー大胆な 保守的ー革新的 軽率なー慎重な
誠実性	信頼できないー信頼できる 怠慢なー誠実な
外向性	内気なー社交的な 物静かなーおしゃべりな 抑制的なー自発的な 怒りっぽいー気立てのよい
調和性	無常なー思いやりのある 利己的なー無私の
神経症的傾向	穏やかなー心配な 頑健なー脆弱な 安定したー不安定な

（出典・マックレー&コスタ,1987年）

9-5 性格の形成

性格形成に影響を与えるもの

トマスとチェスらは赤ちゃんの研究から、新生児にも「手のかからない子」（全体の40％）、「気難しい子」（10％）、「時間のかかる子」（15％）の3タイプの気質の子どもがいることを見出しました。「気難しい子」はほかの子に比べ、将来学校で問題を起こす割合が高いことが知られています。

もちろん、「気難しい子」を「この子はなんてだめな子なんだろう」と思って育てた場合と、「この子はこういう性格なのだから、この子なりにやればいい」という態度で育てた場合では、その後の発達も違ってくるはずです。親の養育態度については多くの研究が行なわれています。左ページのようにキャッテルは因子分析の手法を用いて9つの養育態度因子を挙げ、サイモンズは親の養育態度を4つの類型に分けました。

しかし、一卵性双生児同士の性格の類似性の研究から、性格は家庭環境の要因よりも、遺伝の影響を大きく受けていることがわかってきました。同じ環境で育った二卵生双生児の性格は、それほど類似していないからです。

家庭環境はもちろん重要ですが、親の養育態度と子どもの性格の関係は、それほど明確ではありません。むしろ、養育環境が同じだと似た性格になるのではなく、環境はひとりひとりの個性が発現するのを助けるものと考えることができるでしょう。また、性格には遺伝や環境の要因だけでなく、自己形成の要因も大切だと考えられています。

親の養育態度に関する研究

●キャッテルによる親の養育態度因子

愛着ー冷淡
承認的ー拒否的
敵意・過虐的ー攻撃性がない
支配的ー服従的
嫉妬的ー信頼的
誇りに感じているー恥じている
友人的態度ー社会的距離を持つ
保護的ー放任的
要求的ー独立的

●サイモンズによる親の態度類型

支配的ー服従的、保護的ー拒否的という2つの因子軸から、親の養育態度をかまいすぎ型、残忍型、甘やかし型、無視型という4種の態度類型に分け、これらの中間点にある態度が望ましいと考えた

9-6

性格検査法①

観察を用いる「面接法」と「行動観察法」

その人の行動や思考の仕方を通して、性格を診断するさまざまな方法が開発されてきましたが、どうやって性格を測定するのでしょうか。その方法には、「面接法」や「行動観察法」という観察を用いる方法と、「質問紙法」「作業検査法」「投影法」などの客観的な方法があります。

●面接法　面接をする人（面接者）とされる人（被面接者）が直接顔を合わせ、話をしたり観察したりするという、最も基本的な方法です。「面接法」はその目的に応じていくつかに分類されます。被面接者についての情報を収集することを目的とする「調査面接」では、調査票の質問項目に沿って質問します。

面接者が被面接者の態度を観察し、その人の興味や能力、対人関係の様式などの全体像をつかむことを目的としたものを「観察面接」といいます。何らかの問題を解決することを目的とした面接を「相談面接」といい、面接そのものが指導や治療となることが特徴です。

●行動観察法　その人の行動を観察することによって得た記録や分析結果から、その性格を理解する方法です。日常の行動をありのままに観察する「自然観察法」と、ある刺激を与えた結果、どのように行動が変化するかを観察する「実験観察法」があります。いずれも観察者は対象者の身体行動、言語行動の様子やその頻度を記録して分析するのですが、観察者が十分な訓練を受け、記録方法が正しいことが大切です。

面接法とは

[面接者と被面接者が直接顔を合わせて、話をする]

● **調査面接**
調査票の質問に沿って話を聞き、
情報を収集することを目的とする

● **観察面接**
被面接者の態度を観察し、
その人の全体像をつかむことを目的とする

● **相談面接**
被面談者が抱えている問題を解
決することを目的とする

行動観察法とは

● **自然観察法**
日常生活をありのままに観察
し、性格を理解しようとする

● **実験観察法**
被験者にある刺激を与え、それ
によりどのように変化するかを観
察する

9-7 性格検査法②

客観的な測定法「質問紙法」「作業検査法」「投影法」

●質問紙法　「人前に出ると顔が赤くなる」「だれとでもすぐ仲良くなれる」というような質問に対して、「はい」「いいえ」「どちらともいえない」という3つの中から回答していく方法です。集団で実施することが可能なので、広く利用されています。ただ、自己評価を自己申告するので、答えに理想の自己像が投影されやすいのが欠点です。日本で用いられている代表的な検査には「矢田部・ギルフォード（Y－G）性格検査」「ミネソタ多面人格目録日本版（MMPI）」「東大式エゴグラム（TEG）」などがあります。

●作業検査法　被験者に単純な作業をしてもらい、やり方や結果から性格を診断する検査です。数字や図形を用い、被験者は何を目的としているかわからないため、回答にゆがみが生じにくい反面、広範囲をカバーすることは難しくなります。代表的な作業検査には、「内田クレペリン検査」「ベンダー・ゲシュタルトテスト」などがあります。

●投影法　あいまいな刺激を与え、それに対する反応を分析することにより、性格を診断しようとするものです。代表的なものはスイスの精神科医ロールシャッハが考案した「ロールシャッハ・テスト」です。インクの染みのようなあいまいな図版10枚を使って診断します。ほかに絵を見せて物語を作らせる「TAT（主題統覚検査」、欲求不満場面の絵を見せて、とっさの反応を書かせる「P-Fスタディ」などがあります。

いろいろな性格テスト

●質問紙法・Y-G性格検査とは

設問に対して自分に当てはまるときは「はい」、当てはまらないときは「いいえ」、決められないときは「どちらでもない」に丸をつける検査。性格の特性論に基づいて作成され、12の特性それぞれに尺度があり、得点を測定できると同時に、A〜E型の5類型に性格を分類できる。

12の特性と検査内容

特　性	内　　容
抑うつ性	陰気・悲観的気分・罪悪感の強い性格
回帰性傾向	著しい気分の変化・驚きやすい性格
劣等感	自信の欠如・自己の過小評価・不適応感が強い・小心
神経質傾向	心配性・神経質・ノイローゼ気味
主観性	空想的・過敏性・主観性
協調性	協調的
攻撃性	攻撃的・好奇心旺盛
活動性	活発な性質・身体を動かすことが好き
のんきさ	気軽な・のんきな・活発・衝動的
思考的外向性	非熟慮的・無頓着
支配性	世話好き・リーダーシップのある性質
社会的外向性	対人関係に外向的・社交的・社会的接触を好む

●作業検査法・ベンダー・ゲシュタルト検査とは

1938年にベンダーによって開発された視覚・運動形態機能を測定するための検査。

まとまりやパターンの繰り返しのあるさまざまな模様・図形を模写させる。

その描写の正確さ、混乱度、描写方法などが査定される。

- 児童が行なうと･･･
  発達成熟度を調べることができる

- 成人が行なうと･･･
  視覚や運動の機能の障害
  大脳の器質的損傷の判断　　など

●投影法

•ロールシャッハ・テスト

インクを紙にたらし、2つに折って広げるとできる左右対称の無意味な「しみ」を見て、何に見えるかを聞く。白黒の濃淡のカードが5枚、白黒に赤が加わったカードが2枚、多彩色のカード3枚の計10枚で行なわれる。

心理構造の把握や心理的変化の測定、精神的障害の鑑別や問題の発見などに用いられる。

• TAT検査（主題統覚検査）

マレーらのハーバード版では、31枚の図版から被検査者の年齢や性別によって20枚くらいを選んで検査を行なう。図版1枚1枚について、絵の中の人物がどういう人でどのようなことが起こったか、将来はどうなるかを空想して物語を作ってもらう。作り手の欲求やパーソナリティの特徴を明らかにする。

可愛さあまって憎さ100倍になる心理

愛し合っていた男女が、裏切られたり傷つけられたりして、相手を憎むようになってしまうことがあります。周囲はあんなに仲がよかったカップルなのにと驚きますが、愛情が強ければ強いほど、裏切られたときの憎しみも強くなってしまうのです。

フロイトは、人間の感情の中で、愛と憎しみは最も強い感情で、コインの裏表のように同時に存在していると考えました。そして、いつもは愛情と理性によって抑えられていた気持ちが、裏切りなどによって一気に憎しみに変わり、激しくほとばしります。この現象を「カタストロフィー理論」といいます。愛情が憎しみに変わった瞬間、相手を殺してしまうような事件も多くあります。

第10章

発達の心理学

10-1 発達とは

心理的な発達をするために必要なこと

人間の身体的機能と心理的機能は、生まれてから死にいたるまで変化していきます。その過程を「発達」といい、進化していく過程と退化していく過程があります。幼児期や児童期では、話し言葉や文字などの言語的機能が急速に発達する「進化的発達」がみられます。逆に高齢になると、言葉を流暢《りゅうちょう》に発することが難しくなったり、漢字をすぐに思い出せなくなってしまうという「退化的発達」が起きてきます。

一般的には乳幼児から青年期にかけては心身の進化的発達が顕著になり、50歳以後に退化的発達がみられるとされていますが、退化的発達には個人差があります。

生後10ヵ月くらいでつかまり立ちができる、2歳くらいで片言をしゃべる、というように、人間は一定の順序で発達する可能性を生まれながらに備えています。これは遺伝によって規定されています。また、必ずしも遺伝であるとは特定できませんが、発達初期から継続してみられるその子特有の行動があり、これは性格とも深く関わっていると考えられています。

遺伝要因だけでなく、環境要因も重要で、人は環境からさまざまな刺激を受け、経験と学習を積み重ねながら発達していきます。

心理的発達をするために、将来必要となる能力や性格を身につける必要があります。エリクソンは各発達段階において乗り越えなければならない発達の目標を「発達課題」と呼びました。

発達課題とは

[エリクソンによる社会的発達の危機と課題]

●発達課題とは

日常生活での経験と学習によって、将来必要となる知的能力や性格を身につけるための各段階における課題。エリクソンはある発達段階における課題が克服されたとき、次の発達段階に進めると考えた

●心理的危機とは

発達課題が達せられないと、次の段階の課題が停滞する可能性があり、未解決のまま課題が残ったときには心理的な危機を招くことがある

年齢	発達段階	発達課題	心理的危機
0～1.5歳	乳児期	基本的信頼感	不信
1.5～4歳	幼児前期	自律性	恥・疑い
4～5歳	幼児後期	自発性	罪悪感
6～思春期	学童期	勤勉性	劣等感
	青年期	自我同一性	同一性拡散
	成人初期	親密性	孤独
	成人期	世代性	停滞
	老年期	自我の統合	絶望

10-2 乳児の心理

大人の愛情と保護が信頼感をつくる

アメリカの心理学者ジェームズは、赤ちゃんの心的世界を「咲き乱れた花の中を、虫たちがぶんぶんと飛び回る混乱した状態」と形容しました。これは赤ちゃんが何もわかっていないという見方を示していますが、近年では胎児期を含めた新生児期にも認知能力があることが、明らかにされています。

赤ちゃんは自分ひとりの力で生きることはできません。そこにはおとな（親）の愛情と保護が必要で、それが満たされていると、乳児は母親に対して「愛着（アタッチメント）」を形成します。母子間に健全な愛着ができると、乳児は「基本的信頼感」（185ページ）を形成していくことができます。しかし、これらが満たされないと、自分が生きていくことに強い不安を持ち、周囲の人にも否定的な感情を持つようになると考えられます。乳児期に信頼感を形成した場合、人間関係を広げ、外への好奇心を発揮して、知能をよく発達させます。この時期の親の接し方はとても大切なのです。

また、乳児期は運動の発達も重要です。左ページはシャーレイが運動の発達過程をまとめたものですが、乳児はお座り、つかまり立ち、ハイハイなど、さまざまな発達過程を経て、ひとりで歩けるようになります。一般に乳児はまず脊椎周辺の身体機能をコントロールできるようになり、次に末梢部、すなわち肩、腕、足がコントロールできるようになります。

歩行開始の順序

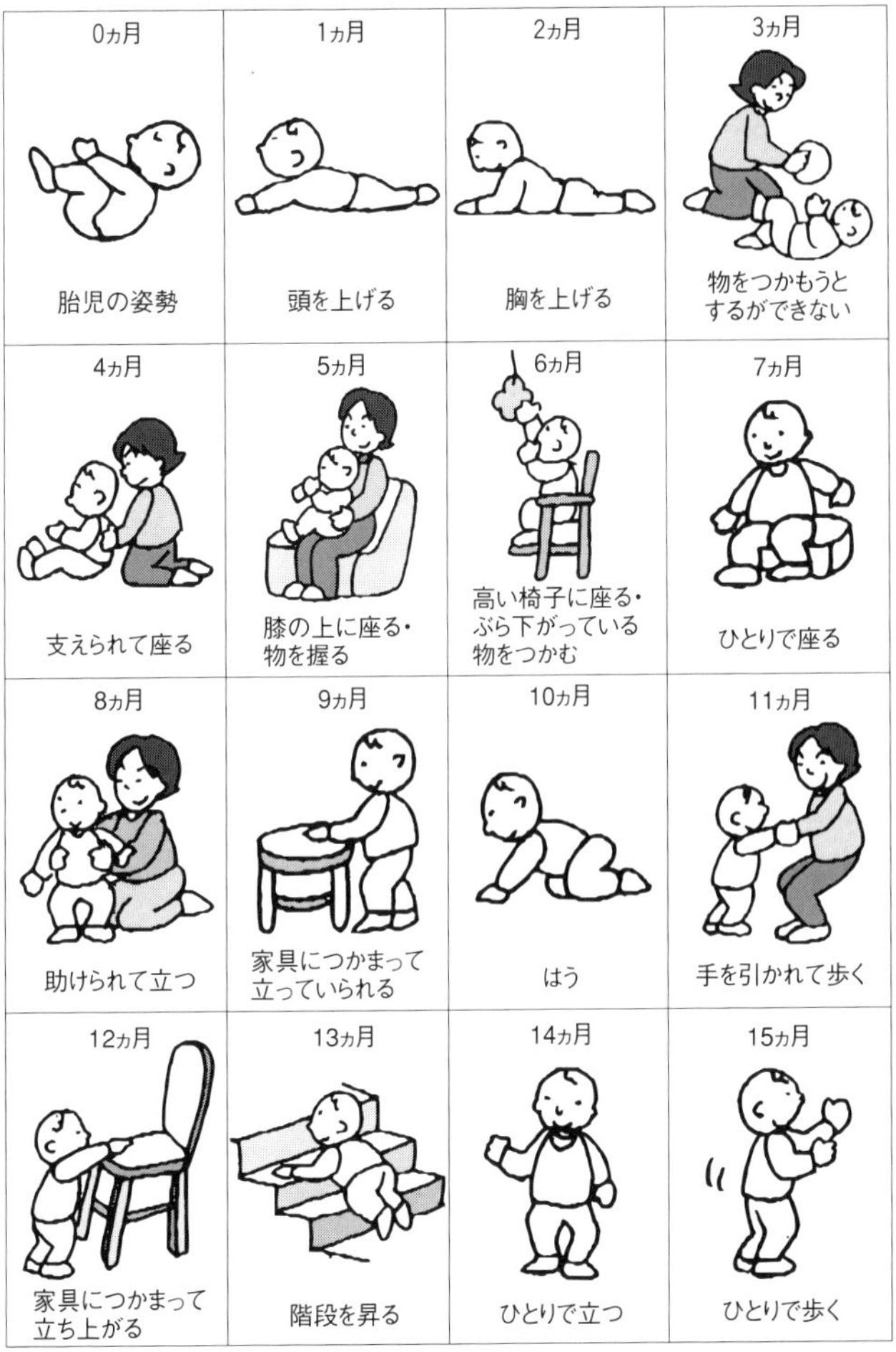
0ヵ月
胎児の姿勢
1ヵ月
頭を上げる
2ヵ月
胸を上げる
3ヵ月
物をつかもうとするができない
4ヵ月
支えられて座る
5ヵ月
膝の上に座る・物を握る
6ヵ月
高い椅子に座る・ぶら下がっている物をつかむ
7ヵ月
ひとりで座る
8ヵ月
助けられて立つ
9ヵ月
家具につかまって立っていられる
10ヵ月
はう
11ヵ月
手を引かれて歩く
12ヵ月
家具につかまって立ち上がる
13ヵ月
階段を昇る
14ヵ月
ひとりで立つ
15ヵ月
ひとりで歩く

幼児の心理

自我が芽生え、イメージを待つようになる

10-3

3歳くらいの幼児前期には、運動を支配する神経の中枢が、間脳などの脳幹部から大脳に移り、また神経系の発達によって、身体を思いどおりに動かすことができるようになっていきます。この随意運動の発達は、自分の力で生活し行動するという喜びを子どもに与えます。

3歳というと、第1次反抗期です。それまでは「自分」という意識の中に、母親まで入っていましたが、周りの状況を理解できるようになって、「自我」が芽生えてきます。子どもは障子や襖《ふすま》を破ったり、化粧品をめちゃくちゃにしたりと、いろいろなものに手を出し、それをとがめる親と衝突します。これを「3歳の親子の綱引き」といって、子どもがいつも勝つとわがままが助長され、親がいつも勝つと自主性の乏しい子どもになる傾向があります。どちらにも偏らない関係では、適度な自立感を持った自己コントロールがつくられます。

幼児前期が自分の身体の主人公になりはじめる時期だとすると、幼児後期では自分の心の主人公になりはじめる頃だといえます。過去を思い浮かべたり、自分がやろうとすることのイメージを持てるようにもなります。遊びや生活で自分なりのやり方をイメージし、実行しようとします。

おとながイメージを押しつけると、萎縮したり罪悪感を持ったりするので、自由にイメージを持てる環境づくりを心がけたいものです。

幼児の発達

●自己主張の出現

ほかの子の玩具をほしがって奪おうとしたり、外へ出たいと思えば夜でも行こうとするなど、自分の欲求にしたがって自己中心的に行動する

●社会性の発達

友だちの行動を模倣したり、「ごっこ遊び」で役割を持ったりして、自分と他者の区別がつくようになり、人との交流で満足感を得る

●認知機能の発達

「これ、ちょうだい」「ママ、だっこ」など2語文を話せるようになる。さらに「お花がきれい」「昨日は幼稚園に行った」など、助詞を含む主語・述語文も出るようになり、文字にも関心を持つ。「くだもの」「乗り物」などの概念が発達する。また、数の観念も芽生える

●情緒的機能の発達

欲求が満たされないと情緒が不安定になりやすい。「美しい」「きたない」と感じたり、「好き」「嫌い」の感情を表現できるようになる

10-4

小学生の心理

親への依存度が低下し友だち関係を重視する

6歳では自分の身の回りのことができるようになってきます。多くの国ではこの頃に学校教育が始まります。学校では遅刻や忘れ物をしないためにはどうしたらよいかなど、自分の生活を自律的に行なうことを身につけます。また、読み書きなどの知識や技能を学習し、友だちとの人間関係を学びます。

低学年では自分中心の考え方がまだ続いていますが、善悪の判断がつきはじめ、友だちとのけんかを通して相手の気持ちを推し量ったり論理的に考えられるようになります。

中学年では行動範囲が広がり、体の動きも活発になり、グループをつくって行動します。いわゆる「ギャングエイジ」と呼ばれ、少し前までは徒党を組んであちこちの公園や原っぱに移動していましたが、今は大人数で遊ぶことは減り、ゲームなどで遊ぶ子どもが多くなっています。この時期は思春期への萌芽を含んだ大切な時期でもあります。個性が発達し、同じことに興味を持つ友だちをつくるようにもなります。異性への関心はまだそれほど発達していません。

高学年では自分の得意なもの、不得意なものや、好き嫌いがはっきりしてきます。また、性的な関心も出てきます。

小学生は知覚や記憶などの認知的な機能と、大きさ、色、音色などの知覚的弁別能力が急速に発達します。自分から新しい知識を獲得していく意欲を育てる大切な時期です。

小学生の発達

●低学年

- 自分の生活を自律的に行なうようになる
- 読み書きを覚える
- 友だちづくりができる。ただし、席が近い、名簿の順番が近い友だちが多い
- 野球など複雑なルールのある遊びができるようになる
- 親に秘密を持ったりする
- 善悪の判断がついてくる
- けんかなどを通して相手の気持ちを推し量ったり、論理的に考えられるようになる

●中学年

- 行動範囲が広がり、グループで行動するギャングエイジの始まり
- 個性が発達し、好きな科目と嫌いな科目などが出てくる
- 同じことに興味がある子同士が仲良くなる
- 異性への性的興味はまだ充分には発達していない

●高学年

- 学校生活に適応する一方、得意分野・不得意分野が固定してくる
- 運動・音楽・文章の理解力などで、優劣が明らかになる
- 友だちは気の合う子を選ぶようになる
- 親よりも同年代の価値観に合わせていく

10-5

思春期の心理

アイデンティティの確立と性別の受け入れ

思春期は12歳から17、18歳くらいまで、第2次性徴の始まりから高校卒業までの時期をいいます。身体がおとなへと変わっていくのと同時に、心理的にも12歳～15歳くらいは、親や教師の価値観に疑問を感じて反発が始まり、第2次反抗期と呼ばれています。しかし、おとなからの完全な自立は難しく、情緒面、精神面の両面で不安定な状態に置かれてしまいます。

子どもたちは友だちとのコミュニケーションなどから影響を受けながら、自分なりの価値基準や行動様式を形成していきます。その中で、「自分は本当は何者であるのか」といった「自我同一性（アイデンティティ）」を求めるようになります。

また、他人からの評価などが非常に気になりだします。身体の変化や外見、能力、性格など、それぞれの葛藤や悩みは自分だけの秘密になるので、おとなの力では解決できません。自分を特別視したり否定したりして、苦悩の末、なんとか自我同一性を獲得していくのです。それは友人との交流などを通して、悩みや葛藤を受け入れられるようになり、柔軟な自我ができるということです。

この時期にはもうひとつ「性役割同一性」の獲得という課題があります。これは自分が男である、あるいは女であるという観念のことです。思春期に自分の性別を受け入れることで、本当の意味でおとなになっていくのです。

思春期の発達

●自我同一性（アイデンティティ）の獲得とは

エリクソンによる自我同一性の獲得の概念

- 自分は自分以外の何者でもないという自己の単一性を実感する
- 他者と心理的に同じ状態を共有しているという連帯感。または他者との価値観の共有感を持つ
- 自分の存在には意義があるという自己肯定感、あるいは自己価値観などを持つ

青年期の大きな課題＝自我同一性を確立していくこと

●性役割同一性の獲得とは

自分の性別を受け入れることで、おとなへと成長していく

- **思春期以前**
  同性の親と同一視（父親モデル・母親モデル）し、周囲から男の子は男らしく、女の子は女らしく育つように要求される
- **思春期前期**
  急激な性的成長。親密な同性との関係の中で、身体の変化や性的な興味について話し合うことによって不安を減らすことができるが、同性関係ができなかったり抜け出せなかったりすると、性倒錯などの問題を起こすことがある
  また、身体の成長を受け入れられないと、食事を拒否して無意識に成長を拒否したりする
- **思春期後期**
  性的関心をはっきりと異性に向けるようになる

10-6

高齢者の心理

身体や心の機能が変化することを理解する

老化のメカニズムは複雑です。個人の変化としては、老化現象が遺伝の影響を強く受けていると考える「遺伝説」、精神機能の低下が行動の変化に影響を与えていると考える「行動説」があります。また、社会との関連でとらえる見方には、社会との結びつきが弱くなることで行動が消極的になってしまう「離脱説」、安定した人間関係を維持することが困難になる「対人的適応関係説」があります。

老年期の特徴としては、生理的な機能の低下が挙げられます。精神的な機能では20歳代でピークを迎える知能は、50代で10%、60代で20%、70代で30%低下することが知られています。ウエクスラーによる知能検査ではスピードや手先の細かな動きが要求されるものは、成績が低下しますが、知識や理解力の課題ではあまり低下せず、高くなるものもあります。

記憶は若い頃に体験したものは比較的覚えていて、最近のことはなかなか覚えられない傾向が強くなります。これは記銘力が低下することが原因です。

人格の変化としては、短気だった人が円満になったり、無愛想だった人が社交的になったりして調和がとれる「円熟化」、ますます短気になったりわがままになったりする「拡大化」、きれい好きだった人が不精になったり、倹約家が浪費家になったりと、反対の性格に変わる「反動化」があります。

老化による変化

知能

- **流動性知能**…加齢とともに低下する
  知能検査の項目のうち、時間制限が決められていてスピードや手先の細かな動作が要求されるような、算数問題・数唱・符号問題・積み木問題など
- **結晶性知能**…それほど低下せずむしろ高くなることもある
  一般的知識・一般的理解・類似問題・単語問題など

キャッテルらによる知能の生涯変化

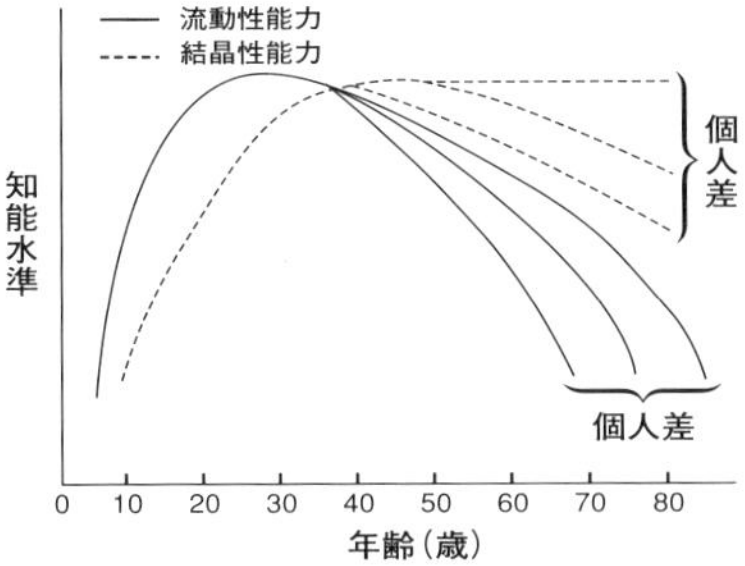

記憶

脳の老化や感覚・知覚機能の低下だけでなく、自分の興味や関心が弱くなることなどの影響で、新しい経験の記銘力が低下する

パーソナリティ

- 円熟化…短気、無愛想など若いとき特徴的だったものが目立たなくなり、調和がとれる
- 拡大化…短気、わがままなど若いとき特徴的だったものが、いっそう強められる
- 反動化…几帳面が大雑把、節約家が浪費家と、若い頃特徴的だったものが反対の方向に変化する

人間にもある縄張り意識

人が電車の座席のどこに座るかを見てみると、まず長い座席の両端に座ったり、真ん中に座る人が多いのです。さらにその中間が埋まり、空いている電車では、知らない同士が隣り合わせに座るということは、まずありません。

これは人間の本能にある縄張り意識によるものです。これ以上は近づいてほしくない距離があり、それ以上に接近されると不快感や不安に駆られるのです。お互いに本能的に守りたい領域を侵害しないように気を配りあって、暮らしているのです。この自分の周りの侵されたくない空間を「パーソナル・スペース」といいます。満員電車が不快に感じるのは、身動きがとれない不自由さだけでなく、パーソナル・スペースを侵されているからなのです。

第11章

心の病気とトラブル

おとなの心の病気①

心理的危機によって引き起こされる神経症

11-1

おとなの心の病気は「神経症」と「精神病」が代表的です。「神経症」は遺伝でも先天性の疾患でもなく、肉親の死や人に裏切られたなどの心理的危機による、悩みや葛藤、欲求不満やストレスが引き金となって発症した心の病気です。

激しい不安や混乱が起きるため、日常生活に支障をきたしてしまうことがあります。症状の特徴によっていくつかに分類されています。

「不安神経症」は、不安の対象がはっきりしない、適応困難な破局感（浮動性不安）がつのり、情緒が不安定になってしまいます。「恐怖症」は不安神経症と違って、不安を感じる対象や状況が限られており、その場面に直面すると、激しい恐怖に駆られる症状がでます。代表的なものに高所恐怖症や視線恐怖症などがあります。

「ヒステリー」は医学的な問題がないのに、不安や欲求不満といった心理的な問題によって、手足が麻痺する、声が出ないなどの身体症状がみられます。「神経衰弱」は不安が慢性的に持続し、不眠や疲労、イライラを訴えるものです。

「抑うつ神経症」は劣等感や悲哀感、絶望感が高まった状態で、睡眠障害や意欲の低下、食欲不振が表われます。

ほかに不安を抑えるため手洗いなどの行為を強迫的に繰り返す「強迫神経症」や、自分が病気になってしまったと思い悩んでしまう「心気症」、何をしても感情がわかない、現実感の喪失をともなう「離人症」があります。

いろいろな神経症

●不安神経症（不安障害）

漠然とした恐怖感が募り、不安が発作のように襲う

●恐怖症

- **高所恐怖症**…高いところで激しい恐怖を感じる
- **閉所恐怖症**…閉じこめられるのではないかという恐怖を感じる
- **視線恐怖症**…他人と視線が合うことに恐怖を感じる
- **尖端恐怖症**…先のとがったものに恐怖を感じる

●ヒステリー

心理的な要因で一時的に身体に機能障害が起きる
手足が麻痺する、声が出ない、目が見えない、耳が聞こえないなど

●神経衰弱

長時間ストレスにさらされた結果生じるもので神経性疲労ともいわれる。すぐ疲れたり、イライラする、肩がこる、寝つきが悪く熟睡できないなどの症状がある

●抑うつ神経症

悲哀感を強く持ち睡眠障害、意欲低下、食欲不振、言動が不活発、不機嫌などの症状がある。抗うつ剤が効きにくい

●強迫神経症（強迫性障害）

ある観念にとらわれ、行動が強迫的に繰り返される。こうした行動を取らないで済まそうとすると、耐え難い不安に襲われる。儀式のように何度も手を洗う、戸締りしたかが気になって、何度も家に戻って確認するなど

●心気症

身体のわずかな変調に過敏になり、自分が病気になったと思い込んでしまう。がんノイローゼなど

●離人症

周囲の出来事がベールを通してみているようで、現実感がない。自分の身体が自分のものでないように感じる。何をやっても楽しいなどの感情がわいてこない

おとなの心の病気②

11-2 心身症・性格障害・精神病とは

おとなの心の病気の代表的なものには神経症のほかに、「心身症」「性格障害」「精神病」があります。

「心身症」とは、心理的な原因があって、それが身体症状に表われるものです。仕事の重責や人間関係のトラブルから、胃潰瘍になったり、ストレスで血圧が高くなったり、アトピー性皮膚炎になるといった、器質的な病変をともないます。また、偏頭痛や神経性の下痢のように、機能的な障害を起こすタイプもあります。これらの治療には心理面での配慮が必要です。

「性格障害」とは、性格に著しい偏りがあり、本人や周囲の人がその人の行動に悩まされるものをいいます。精神病的症状を示す人の性格特性と、健康な人の性格特性の中間と考えられ、精神病や脳の障害には含まれません。

「精神病」には脳血管障害、薬物中毒、事故による外傷など、脳に器質的な障害があって引き起こされた「外因性精神病」と、遺伝的体質的要因が中心となって引き起こされた「内因性精神病（機能性精神病）」があります。

自立に向け心理的に不安定になる青年期や、転職や転居など生活が変化したときに精神病の発症が多いことから、環境のストレス要因が発症の引き金になっていると考えられます。

また、遺伝的な要素を持っていても、自我が確立されて安定していれば、環境の変化にうまく対応でき、発症の可能性は少なくなります。

内因性精神病とは

●統合失調症

脳の神経伝達系の障害で、主に青年期に発症する。初期に適切な薬物治療を行なえば、社会復帰ができる

•症状の特徴

①**妄想型**　妄想や幻覚が主な症状であるもの。自分の噂、非難、悪口といった人の声が聞こえる幻聴、被害妄想や追跡（追いかけられている）妄想、注察（人に見られている）妄想など

②**緊張型**　激しく興奮して騒いだかと思うと表情を硬くして黙り込んでしまうなどの症状

③**破《は》瓜《か》型**　破瓜期（思春期）に発症することが多く、感情や意欲の減退、自閉などの症状がある。解体型ともいう

●躁うつ病

はしゃいだ状態である躁と、気分がふさいだうつの状態が繰り返されるのが躁うつ病であるが、どちらか一方の場合もある。一般的にはうつ病が多く、強い悲観が心を支配する状態が長い期間続き、生きることが苦痛となる。周囲の人は安易に批判したり励ますことをせず、患者の訴えをよく聞き、十分な休息が取れるよう配慮する

•症状の特徴

①睡眠障害、食欲低下、倦怠感などの身体症状をともなう

②希死念慮（自らの死を願う）から自殺念慮（自殺を考える）、自殺企図（自殺を試みる）へと進む可能性がある

子どもの心の病気

心の危機をさまざまな行動で表わしている

11-3

おとなは心の危機に直面したとき、心理的葛藤や精神症状として意識化することができますが、子どもはまだ自我が成長していないので、実際の行動を通して表わすことが多く、この行動を「問題行動」といいます。問題行動の背景には社会的な不適応があるのです。問題行動は行動の性質によって大きく3つに分類されています。

他人に暴力を振るったり物を壊したりする「反社会的行動」は、思うようにならないことや困ったことが生じたとき、自分以外の人のせいにし、自分の怒りや不信感を社会の規範を破るような攻撃的な行動に向けることが特徴です。衝動的に行ない、周囲のおとなを困惑させるいわゆる非行と呼ばれる行動です。

人前で一切しゃべらない、友だちをつくらない、無気力などを「非社会的行動」といいます。外の世界との接触を避け、自分の世界に逃避する傾向があります。これは反社会的行動とは反対に、思うようにならないことや困ったことが生じたとき、すべて自分の責任と思い、自分ひとりで背負ってしまうので、社会的な接触を避けることで、不安を回避しようとしているためと考えられています。

チックや吃音《きつおん》、頻尿などを「神経性習癖」といいます。緊張や不安が持続した結果、身体で表現される問題行動で、自分で意図しない行動なので、やめることがいっそう困難です。

子どもの問題行動

●反社会的行動

- 他者に対し殴ったり蹴ったりという暴力的行為
- 公共のものやほかの人のものを壊す破壊的行為
- 人を脅してお金を巻き上げたり、無理な要求をする恐喝行為
- 万引きや窃盗
- 家出
- 自己顕示や嘘を頻繁につくなど

●非社会的行動

- 発声や言語能力に問題が無いのに、人前で一切言葉を発しない緘黙《かんもく》
- 内気で友達ができない、または友だちと関わることを回避してしまう孤立
- 自信がなく何事にも無感動、意欲を喪失してしまって無気力
- 現実の世界から離れ、起きているのに夢を見続けているような意識に陥る白昼夢

※ 不登校の子どもの多くにこれらの行動が見られる

●神経性習癖

- まばたき、顔をしかめるなど身体の一部が勝手に動いてしまう、突然大声を上げてしまうなどのチック
- 緊張して言葉がスムーズに出てこない吃音
- 頻尿や夜尿
- 指しゃぶり、爪をかむ　　など

11-4 ストレスとは

ストレスを次の行動の原動力に変える

私たちがよく口にする「ストレス」という言葉は、物体に作用したり影響を及ぼす力や圧力という、物理学や工学の用語でした。それがカナダの生理学者セリエによって、有害刺激が生体にもたらす非特異的な生理学的変化を表わす概念として、使われるようになったのです。

ストレスの原因になる出来事を「ストレッサー」といい、ストレッサーによって心や身体に負荷がかかり、ストレス反応が生じた状態を「ストレス状態」といいます。ストレス初期には、人はストレスに対処しようとさまざまにがんばりますが、それがうまくいかないと次第に疲弊し、疲れやすくなったり、腹痛や下痢、不眠などの不快な症状が出るのです。

ストレスというと嫌なイメージがありますが、不快ストレスだけがストレスの原因ではなく、恋人とのデートのような快ストレスもストレスの原因となります。また、ストレスを乗り越えようとすることが、次の行動を起こす原動力にもなります。

多くの場合、人はストレッサーにうまく対処して人格的にも成長しますが、うまく乗り越えられない場合もあります。そのようなときは、誠実、まじめ、神経質な人ほど、ストレス疾患にかかりやすい傾向があります。最近では心理的ストレスの特徴を明らかにするだけでなく、ストレス反応を低減させるための「ストレスマネジメント」の開発や実施が注目されています。

いろいろなストレス

- **物理的ストレス**
  暑さ・寒さ、騒音、悪臭、排気ガス
- **生理的ストレス**
  飢え、過労、病気、怪我、睡眠不足
- **心理的ストレス**
  人間関係の葛藤や不安、緊張、怒り、恐れ、不満

ラザラスらによるストレス理論

ストレッサー…ストレスを引き起こす環境刺激

↓

認知的評価…目の前のストレッサーが自分にとって脅威になるかどうか、また自分にとって対処できるものかどうかなど、ストレッサーをどのように認知するかということ

対処行動（コーピング）…目の前の問題を積極的に解決したり逃避したりして、ストレスを低減しようとする行動

↓

ストレス反応＝ストレッサーによって引き起こされる心理的反応や生理的反応

※上記のような一連のプロセスをストレスととらえた。

11-5 トラウマとPTSD

突然の出来事によって受ける心的外傷

「トラウマ」とは、自分や近くにいる人が、死や重症を負うような出来事を体験したり、目撃したりした際の心的外傷のことです。

戦争や災害、事故や殺傷事件などの目撃、いじめや暴力を受けるなどという過度のストレスからいろいろな精神的な障害を引き起こします。トラウマによって引き起こされる症状を［Post Traumatic Stress Disorder］の頭文字をとって「PTSD（心的外傷後ストレス障害）」といいます。

1970年代のアメリカで、ベトナム戦争の帰還兵たちが、心的外傷から深刻なPTSDになったことから、大きな社会問題になりました。日本でも、阪神淡路大震災や地下鉄サリン事件の被害者や家族に心のケアが必要となったことで、注目されました。

トラウマが引き起こす症状には、強度の不安や恐怖、抑うつ症状があります。また、フラッシュバックや悪夢というかたちで、心的外傷を受けたときの記憶が突然襲ってくることがあります。さらにトラウマを負った人は、それに関連することを避けたり、似たような刺激に過敏になったりします。つらい体験から逃避するため、無気力になることもあります。

これらの症状は外傷を受けた直後に出ることもあれば、何年もあとに突然表われることもあります。被害者は日常生活に支障をきたし、将来に対する展望を失ってしまうことがあります。

PTSDの症状

● 急性ストレス障害

心的外傷を受けた直後に引き起こされる強度の不安や恐怖感、身体の不調など。

● フラッシュバック

PTSDを引き起こした出来事のシーンや音、匂いなどが、自分の意思とは関わりなく突然よみがえる。または悪夢によって再現される。

● 回避症状

つらい体験から逃避するための反応で、すべてのことに無気力になる抑うつ症状。

● 覚醒の持続亢進

緊張が続き、不眠や不安に見舞われる。ささいな刺激で驚愕反応が起こる。

11-6

拒食症・過食症

ダイエットがエスカレートして発症することも

拒食症は「神経性無食欲症」、過食症は「神経性過食症」というのが正式名称で、2つを合わせて「摂食障害」といいます。どちらも患者の95%は女性で、思春期の女性に多いのですが、最近では幼少の子どもの発症例や、男子の発症例も増えています。

拒食症は、ダイエットをきっかけに発症することが多いものです。食事をしたあと、のどに指を入れて嘔吐したり、下剤や浣腸、利尿剤を使って食べた物を体内から出そうとします。その結果、貧血や血圧の低下、栄養失調、月経がなくなるなどの症状を引き起こしてしまいます。痩せているにもかかわらず、さらに食事制限をするうち、食欲のコントロールがきかなくなり、やがては食事を一切受けつけなくなって、死にいたることもあります。

過食症は拒食症の反動として起こることが多く、一人の患者に拒食と過食が交互に起こることが少なくありません。通常では考えられないほど大量に食べ（気晴らし食い）、食べてから自己嫌悪になって、自発的に嘔吐して、指に吐きダコができたり、胃液によって歯のエナメル質が溶けて、ボロボロになってしまう場合もあります。

原因には痩せたい願望で極度のダイエットに走ってしまうほか、心理的な不安定さが挙げられます。「よい子の病理」といわれているように、まじめな子が発症する例が多いのです。

摂食障害の心理的問題

●性格傾向

よい子の病理

生まじめ・負けず嫌い・がんばり屋・几帳面・完ぺき主義・優等生

●母子関係

幼少期、母親に無条件に甘えられない

↓

母親に強い否定感を持つ

↓

母親のようになりたくないという気持ちから
肉体的におとなになることを拒む

↓

摂食障害

ドメスティック・バイオレンス（DV）

11-7

DVは決して愛情ではないことを自覚しよう

ドメスティック・バイオレンス（DV）は、夫婦や恋人間の暴力を指しますが、一口に暴力と言ってもさまざまなものがあり、次の5つのように分類されます。

①殴る、蹴るなどの身体的暴力、②脅す、ののしる、けなすなどの精神的暴力、③生活費を渡さない、仕事につくことを禁ずるなどの経済的暴力、④友人や親との交友関係を禁じるなどの社会的暴力、⑤性交の強要、避妊に協力しないなどの性的暴力です。

日本では9割が男性が加害者で、女性が加害者のケースは約1割です。「DV防止法」が施行され、保護施設や相談窓口も設けられていますが、なかなか表面化していないのが実状です。

被害者が加害者との生活を放棄しない理由には、相手がいないと生活していけないという経済的依存、家庭がうまくいかないのは自分の責任という思い込みや、子どもを悲しませたくないという思い、一人で生きていくことへの不安、暴力は一時的なものでやがてはよくなる、自分が直せるという思い込みなどが挙げられます。

また、暴力を振るったあと、急に謝ったり優しくしたりすることが多いのが特徴ですが、パートナー間の暴力は決して愛情ではありません。暴力が子どもにも及んだり、殺されたり、逆に相手を殺してしまうケースもあります。自分が被害者であることを自覚して対処しなければなりません。

DV被害者が逃げ出さない理由

●相手がいないと経済的に生活していけない

●家庭がうまくいかないのは自分の責任と思ってしまう

●別れたあと、ひとりで生きていくことへの不安

●離婚によって子どもを悲しませたくない

●暴力を受けていることを周囲に知られたくない

●愛されているから暴力を受けるという思い込み

●かつての愛された記憶や、優しいときの相手への執着

●逃げたらさらにひどい暴力を受けるのではないかという恐怖

11-8

ストーカー

ストーカーは相手の気持ちがわからない

特定の人物に固執し、相手に拒否されてもしつこくつきまとったり、無言電話やメールをしたりする行動を繰り返すことを「ストーキング」といい、ストーキング行為をする人を「ストーカー」といいます。被害の増加により2000年には「ストーカー規制法」が施行されました。

では、なぜそのような行為に及んでしまうのでしょうか。だれでも好きな人ができると、自分を理解してもらいたい、相手を独占したい、一緒にいないとき何をしているか知りたいなどの欲求を持ちます。これはストーキングの要素と同じですが、一番の違いは、相手が嫌がっていることがわかるかどうかです。

子どもは小学校の高学年頃から、相手の立場や考えを理解できるようになり、相手の心情を読み取ることができるようになります。

相手が自分のことを好きではないということも受け入れられるようになるのですが、ストーカー行為を犯してしまう人は、自分の願望だけが先走ってしまいます。

親の無償の愛を要求するように、相手への一方的な思いによって、特異な行動に出てしまうのでしょう。相手が嫌がっているという事実を受け入れられないため、自分の行動を押さえようとはしません。あの人は私の気持ちを確かめようと、わざと冷たくしているなどと、相手の気持ちを自分の都合のいいように解釈してしまいます。

ストーカーのタイプ

●追跡型ストーキング
異性をつけねらって性的欲求を晴らそうとする
●有名人狙いのストーキング
アイドルや俳優、タレントに一方的な恋愛感情を抱いてつきまとったり、写真を撮ったり、ゴミをあさったりする。女性ファンによるストーキングも多い
●元妻・元夫・元恋人へのストーキング
別れたことへの腹いせと未練からストーキング行為を行なう
●怨念型ストーキング
振られた恨みを晴らすためのストーキング行為
●幼児に対するストーキング
異常性愛者が幼い子どもに対しての性的欲求を満たすために、ストーキング行為をする
●略奪型ストーキング
一方的な恋愛感情や、不倫関係のもつれから引き起こされる。ストーカーの精神状態は不安定で、嫌がらせや無言電話で相手を追い詰め、さらには殺傷事件に発展する場合もある
●集団ストーキング
ある特定の団体や集団が個人をターゲットにして行なう嫌がらせやストーカー行為
●ネットストーカー
掲示板やチャットなどで、個人を特定して行なうネット上のストーキング行為。誹謗中傷の書き込みや、住所、メールアドレスなどの個人情報を公表したりする

11-9 引きこもり

今の状態を抜けだすには何が必要かを考える

「引きこもり」とは長期間（通常6ヵ月以上）自宅に引きこもっていて社会参加しない、またはできない若者の状態を指します。その大部分が男性で、このような若者が増えていることが大きな社会問題になっています。

引きこもりの原因には周囲の環境に強いストレスがあって適応するのが困難なものと、精神疾患などが関与しているものがあります。

いじめ、家族関係、病気というようなひとつの原因で引きこもりが生じるというわけではなく、生物学的要因、心理的要因、社会的要因などが複雑に絡み合っています。明確な疾患や障害が考えられない場合、何らかの挫折感や心的外傷となる体験が引き金になっていることも考えられます。

引きこもることによって強いストレスを避けることができますが、同時に大きな挫折感の原因となり、そこからまた社会に出て行くことが、困難になってしまいます。以前属していた集団に復帰することに強い拒否感を持ってしまう場合もあります。引きこもりにおいて、昼夜逆転がしばしばみられます。体内時計が変調をきたし、ホルモンの分泌のリズムにも変化が生じてしまい、元のリズムに戻すのには時間がかかってしまいます。

引きこもりの援助には、原因を突き止めるより、今の状態を変えるためにどのような工夫が必要かを優先して関わるほうがよいでしょう。

引きこもりの背景にある障害や病気

●うつ状態・うつ病の疑い

憂うつ、やる気がない、自信がない、感情がなくなってしまったなどの訴えが強く、死にたいという気持ちや絶望感を口にする

●パニック障害の疑い

乗り物や人ごみの中で、激しい動悸や冷や汗をともなうパニックの発作を起こしたことがある

●強迫性障害の疑い

1時間以上にわたる過度の手洗いや、「大丈夫だよね」と数十回にわたって確認するような強迫行為がある

●統合失調症の疑い

独り言が激しかったり、「盗聴器がしかけられている」「テレビで自分のことを言っている」など、周囲に敏感になっているような発言がある

●注意欠陥（AD）・多動性障害（HD）の疑い

授業中の落ち着きのなさや、集中力がない、物をよく忘れるなどの不注意が目立つ

●学習障害の疑い

全般的な遅れはないのに、読む、書く、計算するなどの特定分野が極端に苦手だったりする

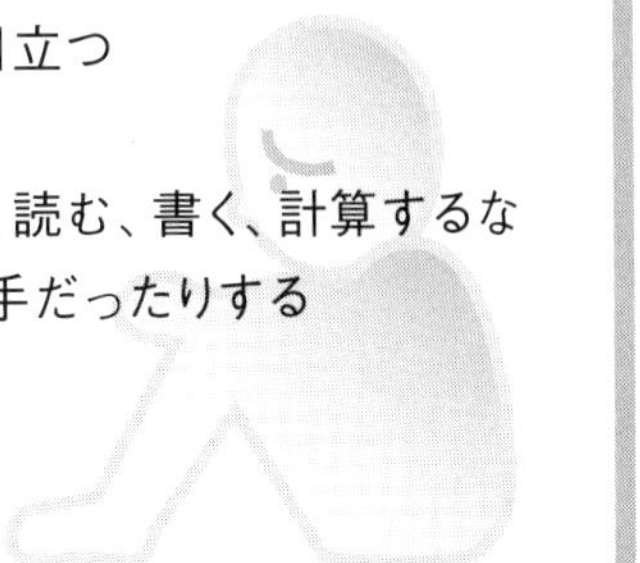

11-10

家庭内暴力

不登校との関連が密接な場合が多い

本来は安心と安息の場である家庭が、暴力の場となってしまうのが「家庭内暴力」です。日本の場合、子どもから親や兄弟、祖父母に対しての暴力をとくに家庭内暴力と呼んでいます。

家庭内暴力には殴る、蹴る、突き飛ばすなど直接身体に与える暴力と、物を投げる、家具などを壊す、衣服を切り刻むなど物品に対するもの、叫ぶ、わめく、怒声、罵詈雑言《ばりぞうごん》など言葉によるものの3種類があります。

10歳頃から急増し、16、17歳にピークに達します。暴力の対象は6割が母親と最も多く、父親が対象になるときには、すでに母親が暴力を受けているケースがほとんどです。母子関係など社会的な要因が重視されがちですが、実際には何らかの気質的背景や精神障害を有するものが、4割くらい存在するので、精神医学的な診断を正確に行なうことが大切です。残り6割は神経症レベルのものと考えられます。

不登校の経過中に家庭内暴力を起こす例が最も多く、不登校との関連が密接です。そのほかには神経症症状をともなう例、家庭内暴力のみの例、非行をともなう例があります。

家庭内暴力を起こす子どもの性格は、自己中心的な面が強い傾向があり、両親も柔軟性に乏しい性格が多く見受けられます。神経症レベルの家庭内暴力には心理療法的なアプローチが行なわれますが、激しい場合には薬物療法を併用する場合があります。

日本における家庭内暴力

1967年	「母親を殴る恐るべき優等生」という記事が朝日新聞の記事になったのがはじめての報道
1970年代	優等生型の少年による事件が相次いで起こる
1983年	家庭内暴力認知件数が1397件とピークに。その後減少傾向
2000年以降	再び急増し毎年1000件を超える

［家庭内暴力の背景］

戦後の核家族化・少子化・父親が不在がちであることによる母子の共生的関係・学力偏重主義による子どもへの期待・関与の増大など

● 対象

対象の多くは母親で、父親が対象となっている場合には、すでに母親が暴力を受けている場合が多い

● 母親の性格の特徴

神経質・過敏・潔癖・完全主義の傾向・気が強い・見栄っ張りなど

● 養育態度

過剰期待・過干渉・過保護

11-11

学校恐怖症・不登校

学校に行こうとすると強い不安に襲われる

学校恐怖症とは、1941年にアメリカのジョンソンらの無断欠席児童の研究を通じて、学校に行こうと思いつつも、思えば思うほど行けないという、強い不安を訴える子どもたちの情緒障害に対して用いられた言葉です。

その後、同様の状態を表わす言葉として「登校拒否」が使われていましたが、拒否するというより、さまざまな理由で「行けない」という心身的な状態であることが多いので、「不登校」という言葉のほうが適切であるとされました。

子どもの性格傾向としては、基本的にまじめ、几帳面、完全主義のいわゆるよい子が多いとされています。母親は強迫的、子どもを心配するあまりいろいろなことを先にしてあげてしまうというタイプ、父親は心理的に不在といったタイプが多いのです。過保護過干渉の母親の元でよい子として育ってきた子どもが、自立という思春期の課題に直面して不適応状態に陥ってしまい、不登校が始まるというのが典型的なものです。母親の側にも、子どもにしがみつきたい心理が隠れていることがあります。不登校をしている子どもが家庭内暴力を起こすというケースも多く報告されています。

小学校の低学年では、母親と離れることへの不安が指摘されています。不登校は一過性のものも多いのですが、長期化する例もあります。ただし7割はその後社会適応していくという結果が報告されています。

学校恐怖症の子どもの典型的な症状

- 親や家族の勧めにもかかわらず、学校を頑強に拒む。理由を尋ねても言わないか、あるいはきわめてさいなことである。通常、頭痛、腹痛などの身体症状が多い
- 前の晩には、明日は登校するといい、時間割をそろえたり登校の準備をするが、次の日の朝になると登校できない

- 登校時間を過ぎたり、登校しなくてもいい状況になると起き出し、その後一日中元気に過ごす
- 下校時間になるまでは、外に出たがらないが、それ以後は外に遊びに出たりする

- 日曜日や休日など学校が休みのときは一般的に元気がいい
- 学校の話題に触れると不機嫌になったり、部屋に閉じこもったりするが、そうでなければ案外気楽にやっているように見える

（「登校拒否　改訂2版」若林慎一郎・医歯薬出版より）

11-12

いじめ

いじめている子の心にある、うっ屈した感情

自分よりも弱い立場の者に対して、心理的あるいは肉体的な攻撃を繰り返し、相手に大きな苦しみを与えるのがいじめです。最近のいじめは「遊び型」が増え、被害者への共感や同情が少なくなっており、いじめがエスカレートして、相手を死に追いやるという悲しい事件があとを絶ちません。

いじめは傍観者も含めて加害者が多数いることや、加害者だった者が被害者になったり、被害者だった者が加害者になったりするのが特徴で、教師や親には発見しにくく、事態が深刻化しやすいのです。いじめにあっている子どもは心的外傷を受けることがあるため、援助とケアが大切ですが、同時にいじめている子どもにもカウンセリングなどが必要な場合があります。

いじめは欠損したパワーの補完として行なわれ、嫉妬がいじめを発動させるといわれています。いじめ・いじめられ関係は、家族の中に起源を持つとも指摘されています。

自らも児童虐待を受けて育った親たちが子どもを虐待してしまう、虐待の「世代間伝達」と同様、いじめにさらされて育った子どもがやがて、周囲をいじめで支配するようになってしまうということもあります。相手の中にかつての虐げられた自分を見出し、これを圧殺することで、弱い自分を排除しようとしているのです。いじめる子どもたちは、心にうっ屈した感情を抱いていることが多いのです。

いじめの予防策

質問紙テスト「Q－U（Questionnaire　Utilities）」
（河村茂雄による楽しい学校生活を送るためのアンケート）
児童生徒の自己評価により、自分の存在や行動が級友や教師から承認されているかどうかと、不適応やいじめ、ひやかしなどを受けているかを調査し、それぞれに援助ニーズがあるので、分析結果によって学級作りの方針や具体策を決める

①いごこちのよいクラスにするためのアンケート
（学級生活満足度尺度）

○満足群
学習意欲、友達との関係良好、活動意欲など十分な子どもたち。1次対応でOK

○非承認群
学級に嫌なことはないが、何となく楽しくない子どもたち。目立たないし、通知票で所見が書きにくい子どもがここにプロットされる。高校生はここに入ると、退学する生徒が多い。教師の適切な支援が必要であり、2次対応となる

○侵害行為認知群
学級生活への意欲は高いが、人間関係でトラブルを持っている子ども、または、被害者意識の強い子どもの2種類の子どもがここにプロットされる。自己中心的な子どもがここに入りやすい。この子どもたちも教師の適切な支援が必要であり、2次対応となる

○不満足群
いじめを受けている、学習に向かえない、学級がつまらないなどの子どもたち。時間の経過とともにさらに状態は悪くなり、3次対応が必要

②やる気のあるクラスをつくるためのアンケート
（学校生活意欲尺度）
- 小学生…「人間関係」「学習意欲」「学級活動」
- 中学生…プラス「教師との関係」「進路意識」「部活動」

どこでつまずいているか、どこが満足度が高いかを見て対処する

11-13

児童虐待

家族を再統合し、不幸な連鎖を断ち切る

日本での家庭内暴力が、子どもから親への暴力であるのに対し、欧米では、親による子どもに対する暴力や虐待を意味しています。1990年頃から日本でも児童虐待が社会問題化し、2000年には「児童虐待の防止等に関する法律」が制定されましたが、その後も悲しい事件が起き続けています。現在、児童養護施設に措置されている児童の多くは、虐待を受けた子どもたちです。2004年には法律を改正し、児童の保護のみならず、虐待を行なった保護者に対する親子の再統合の促進まで広げました。

虐待のタイプは次のように分類されています。①殴る、蹴る、首を絞める、煙草の火を押し付けるなどの身体的虐待、②性的行為や性交におよんだり、性的暴力を与える性的虐待、③言葉による脅かしや子どもを無視し、拒否的な態度で心理的に外傷を与える心理的虐待、④家に監禁したり栄養を与えない、病気でも医者に連れて行かない、車に放置し熱中症を起こすなど、子どもの保護・養育の放棄の4つです。

虐待をする家族は多くの問題を抱えているため、問題に対処するのが困難です。また、虐待している親も虐待されて育ったケースが多く、親の心にも対処が必要です。子どもを施設に保護したあと、親へのケアを実施して家族の再統合が図られないと、どこまでも不幸な連鎖が続いてしまうことになります。対処法については家族療法（238ページ）で解説します。

児童虐待の定義

[児童虐待防止法による虐待の定義]

保護者がその監護する18歳に満たない児童に対して行なう次のような行為

①「**身体的虐待**」
児童の身体に傷をつけたり、傷をつけるおそれのある暴行を加える

②「**性的虐待**」
児童にわいせつな行為をしたり、わいせつな行為をさせたりする

③「**心理的虐待**」
児童に対する著しい暴言や著しく拒絶的な対応のほか、家庭における配偶者間の暴力的環境での生活など、児童に著しい心理的苦痛を与える

④「**ネグレクト**」
児童の心身の発達を妨げるような著しい減食や長時間の放置、保護者以外の同居人による虐待行為の容認、そのほか保護者としての監護を著しく怠るなど

11-14 自殺

いろいろな要因が複雑に絡み合っている

心のトラブルが引き起こす最悪のものとして「自殺」があります。近年、国内だけでも年間3万人を超える人が自ら命を絶つという、深刻な事態になっています。これをふまえ、2006年には「自殺対策基本法」が施行されました。

自殺は個人的な問題であるだけでなく、背景にはさまざまな社会的要因があります。さらに、自殺の根本には、自己保存欲求が著しく障害された病的な状態があります。このように心理的要因、社会的要因、病気や障害などの生物学的要因が絡み合って、解明はなかなか困難です。

警察庁の2006年度の調べでは、遺書のあった自殺についてみると、自殺の動機で一番多いのは、健康問題です。ついで経済・生活問題、家庭問題となっています。男性の経済・生活問題による自殺者は女性の10倍にものぼり、社会的な背景が色濃く反映されています。

そのほか、両親との死別や離婚が発達段階の早い時期に起きたり、家庭の崩壊も大きな影響を与えることがわかっています。愛情を向けていた相手を失うことにより、無力感や相手への怨みを感じ、その攻撃が無意識に自分に向けられた行為ともいわれています。

また、現実との長い葛藤に疲れて、休息としての死を望むことも多いとされています。自殺との関係で特に重要な精神障害は「うつ」で、自殺を予防するうえでも精神障害の発見と治療が必要です。

自殺対策基本法

抜粋

(目的)

第一条

この法律は、近年、我が国において自殺による死亡者数が高い水準で推移していることにかんがみ、自殺対策に関し、基本理念を定め、及び国、地方公共団体等の責務を明らかにするとともに、自殺対策の基本となる事項を定めること等により、自殺対策を総合的に推進して、自殺の防止を図り、あわせて自殺者の親族等に対する支援の充実を図り、もって国民が健康で生きがいを持って暮らすことのできる社会の実現に寄与することを目的とする。

(基本理念)

第二条

1 自殺対策は、自殺が個人的な問題としてのみとらえられるべきものではなく、その背景に様々な社会的な要因があることを踏まえ、社会的な取組として実施されなければならない。

2 自殺対策は、自殺が多様かつ複合的な原因及び背景を有するものであることを踏まえ、単に精神保健的観点からのみならず、自殺の実態に即して実施されるようにしなければならない。

3 自殺対策は、自殺の事前予防、自殺発生の危機への対応及び自殺が発生した後又は自殺が未遂に終わった後の事後対応の各段階に応じた効果的な施策として実施されなければならない。

4 自殺対策は、国、地方公共団体、医療機関、事業主、学校、自殺の防止等に関する活動を行う民間の団体その他の関係する者の相互の密接な連携の下に実施されなければならない。

待ち合わせに遅刻しないテクニック

デートや大事な約束に遅刻しないためには、待ち合わせ時間を10時や3時などとちょうどの時間にするよりも、10時5分や2時55分などとしてみてください。

ぴったりの時間には、どこかあいまいさがあり、無意識のうちにだいたいそれくらい、ととらえてしまいがちです。10時5分などと数字に特異性を持たせることで、とたんにその数字が特別なもののように感じられます。そして絶対にその時間までに行かなければという緊張感が生まれます。

この心理メカニズムはとても有効で、会議は9時1分から10時47分まで、というように分刻みのスケジュールを組むよう、社員を指導している会社もあります。社員の緊張感が保たれ、能力を発揮することを狙ってのことです。

第12章

心の健康のために

12-1 心の健康

喜びや満足感をできるだけ多く体験しよう

ここまでの章で、人間の心理的なはたらきやトラブルについてみてきました。現代のように、著しく社会が変化し、何かに追い立てられるように生活している私たちは、ともすると心のバランスを保つことが難しくなっています。では、心理的な健康を保つにはどうしたらいいのでしょうか。

まず、心理的に不健康に陥ってしまう要因のひとつに、他者や社会への依存が挙げられます。他者や社会に依存ばかりしていると、欲求不満や悩みはかえって大きくなります。そうならないためには、環境に積極的にはたらきかけて、欲求を充足することが必要です。それが実現したときには喜びや満足感を体験できます。

また、自分の意向がなかなか受け入れてもらえず、心理的にストレス状態になってしまうことがあります。そんなときは「自己制御力」を持つことが重要になります。そして、欲求不満状態や心理的ストレス状態を、スポーツをするなど、ほかの手段で解消できることも、心を健康に保つ大きな力となります。

このほかにも認知的機能や、対人スキル、他者理解、価値観、自我の確立などの能力や特性を備えることが必要です。

それでは次項からは、心のバランスを崩してしまったとき、心の健康を取り戻すために使われるいろいろな心理療法や治療を紹介していきましょう。

心を健康に保つには

●欲求の充足

社会的欲求を満たすために社会的行動を行なう	
↓	↓
欲求が充足されれば…	欲求が充足されないと…
↓	↓
快の情緒が生じて心理的に安定	不快の情緒が生じて心理的に不安定

欲求を充足するようチャレンジする力を身につける

[欲求の実現を妨げるもの]

親、教師、友だち、上司など他者
習慣・規則・制度
自分自身の知的能力・性格

●間違った対処

相手に対して不満や恨みを持ったり、ただ悩んだり、考えないようにして放っておく、学校や職場に行くのをやめる、などは解決にはならない

●対処の仕方

課題を解決するために努力したり、自分の要求を実現させるために努力する。失敗ばかり体験すると不満やいらだちが生じやすくなるが、成功した体験を重ねていくことで、欲求が満たされていく。初めから大きな成功をおさめようとするのではなく、学校なら学習以外のことにも興味や楽しみを持つ、仕事なら仕事が終わったら遊びに行くなどの楽しみを見つけると、勉強や仕事に対する動機づけも、徐々に高まっていく

心理療法とは

心理的な問題を解決するための方法

12-2

精神疾患の治療法を大別すると、「外科療法」「物理療法」「薬物療法」「心理療法（精神療法）」などに分けられます。「薬物療法」「外科療法」「物理療法」は薬を投与したり脳や身体にはたらきかけるもので、医師によって行なわれます。「心理療法」は、臨床心理士や心理療法家、カウンセラー、医師などが対人関係を介して、心理的な問題の解決にアプローチするものです。

心理療法には多くの種類がありますが、主なものに、「精神分析」「行動療法」「来談者中心療法」「認知療法」「自律訓練法」などがあります。

「精神分析」はフロイトによって創始された主に神経症の治療法で、「自由連想法」を用います。患者はソファに横たわり、頭に浮かぶことを自由に連想するまま治療者に話します。そして、治療者は患者が今まで抑圧してきたものを意識化し、受容するのを援助します。

「行動療法」は、学習理論に基づいた療法で、問題とされる行動を減らしたり、望ましい行動を増やしたりします。

「来談者中心療法」は、「クライエント中心療法」ともいわれ、アメリカの心理学者ロジャースが創始した心理療法です。

「認知療法」は、クライエントの持つ認知のゆがみを修正して治療に当たります。

「自律訓練法」は、身体感覚に注意を集中する練習を積み重ねて、心身をリラックスさせ、受容的な態度をつくっていきます。

精神分析

背景

創始者はフロイト。フロイトは本人が意識していない、心の奥に潜んでいる無意識的な内容には、過去にひどく傷ついた経験や、自分で受け入れられないような欲求があり、これらが性格や行動に強い影響を与え、神経症の原因になっていると考えた。無意識の内容が激しい情動とともに一挙に意識下に解放されると、精神症状からも解放されることに気づいたフロイトが用いた技法が「自由連想法」である

方法

- 患者はソファに横たわり、治療者は患者の後ろに座って、治療者の視野に入らないようにする
- 患者は頭に浮かんできた内容について、その意味を問わずにすべて話す
- 夢の内容についても検討する（夢分析）
- 患者の治療者に対して抱く思考や感情（＝転移）は、幼児期の体験が再現されたと考えられるので、これも分析する
- 無意識の中に閉じ込められた発達段階における外傷体験などを意識化させ、特定の発達段階に固着していた精神的エネルギーを解放して、問題の解決に当たる

行動療法

●背景

経験を重視し、人間の行動を方向づけ決定するのは「学習」であるとする行動主義の考えにのっとった心理療法の技法。神経症などにみられる症状は、適切な行動を学習していない＝未学習、または誤って不適切な行動を学習してしまった＝誤学習としてとらえ、適切な行動を学習させ、誤った行動を消去するという対症療法である

●方法1

系統的脱感作（パブロフの古典的条件づけ理論の応用）

- 初めに不安発作を引き起こす刺激のリストをつくる
- まず患者をリラックスさせる
- その状態で患者を不安にさせるような軽い刺激を与える
- この操作を繰り返し、弱い刺激に対する不安が消去されるようになったら、徐々に強い刺激へ移行する
- 最終的には不安発作の原因となっている刺激に対して不安が起こらないようにする

※高所恐怖症の人なら、リラックスさせながら低いところから徐々に高いところを経験させ、高所に対する不安をなくす

●方法2

強化（スキナーのオペラント条件づけ理論の応用）

学校に行きたがらない子どもに対して、シールが10枚たまったらほしいものを買ってあげるという約束をして、登校するたびにシールを1枚与える。登校するとシールがもらえるという強化を受け、安定した登校という行動ができるようになる

●方法3

モデリング

動物嫌いの子どもに、ほかの子が楽しそうに動物を可愛がっている場面やビデオを見せたりするという間接的な体験を通して動物が恐くないことを学習させ、動物嫌いを解消する

来談者中心療法（クライエント中心療法）

●背景

アメリカの心理学者カール・ロジャースが創始者。ロジャースはカウンセリングを受けに来る人＝クライエントが、彼らが実際に経験したことをゆがめて受け取っていることに注目した。自分はこういう人間なのだという自己像＝自己概念が、体験している内容と変わらない状態を「自己一致」、かけ離れている状態のことを「自己不一致」というが、自己一致から自己不一致に移行するのが心の病気の過程で、自己不一致から自己一致へと移行する過程がカウンセリングの過程だとする

●方法（カウンセラーがクライエントにとる態度）

①**非指示**　クライエントへの指示をしない。カウンセラーが「あなたの思い過ごしです」などと客観的な事実を告げたりそれを強調しても、自己概念は変化せず不安も解消しないことから、ロジャースはクライエントへの指示を一切やめることにした。このため「非指示的療法」ともいわれる。

②**無条件の肯定的関心**　クライエントがどのような話題を出しても批判的にならず、関心を持って耳を傾ける

③**共感的理解**　クライエントの感情や考えをあたかもその人であるかのように感じ考える

④**真実性**　クライエントに対して防衛的態度や役割行動をとらず、自己一致していること

※このような場の提供が自己概念の変容や洞察を促す重要な条件となる

カウンセリングとは

面接によって問題の解決を援助する

12-3

心理学的な知識を用いて、来談者＝クライエントの心の問題の解決を援助することが「カウンセリング」の役割です。

カウンセラーとクライエントが、普通30分から1時間程度面接し、主として傾聴を通じて、クライエントが自己洞察に達し、自己を受容し、自らとるべき方法を決定するのを援助します。

カウンセラーに要求されるのは、クライエントに対する人間愛や受容、共感です。また、教育者的な態度と心理治療者的態度をあわせ持ち、問題解決のためにクライエントに向かうことが大切です。

そのためにはクライエントの欲求やコンプレックスを正しく理解し、問題の原因を理解する必要があります。

また、解決を急ぎすぎないで丹念に原因を究明する忍耐と、回復の時期を待つという態度も備えていなければなりません。

効果的なカウンセリングを行なうためには、まず、カウンセラーとクライエントの間に親和的な信頼関係が樹立される必要があります。これを「ラポール」といいます。

ラポールがあればあるほど問題解決が促進されますが、治療の過程においてはクライエントが拒否的な態度をとることが少なくありません。これを「抵抗」といいます。抵抗をどう理解するかによって、指導や治療が大きく左右されることになります。

カウンセリングの流れ

①申し込み

本人や家族からの希望や、学校関係者からの紹介で、電話や直接相談所を訪れて申し込みをする

②インテーク面接

初回の面接を行なう。これをインテーク（受理）面接という

目的は問題の概要を知ることで、具体的に現在困っている問題＝主訴は何か、いつ生じたかなどが聴取される

生育歴・病歴の確認、必要に応じて心理検査が行なわれることもある

カウンセリングの回数、時間、料金の説明を受ける

③インテーク会議

相談所のスタッフによって、インテーク面接の報告をもとに問題を検討する

④カウンセリングの開始

⑤ケース会議

スタッフによって定期的に開かれ、相談経過を発表し、さまざまな検討がされる

⑥カウンセリングの終結

問題が解消し、または程度が軽くなって日常生活に支障がなくなったとき、相談者との合意のもとにカウンセリングが終了する。これを終結という

12-4 認知療法とイメージ療法

認知を変える療法・イメージを活用する療法

●認知療法

認知療法は物事の考え方＝認知を変えることによって問題を解決しようとする心理療法です。アメリカの精神科医ベックは、抑うつ的になりやすい人は認知のゆがみを持っていること、さらにこのゆがみによって苦しんでいることに注目しました。認知のゆがみを正すことによって、抑うつの症状を軽くします。認知のゆがみには次のようなものがあります。①恣意的推論…証拠もないのにネガティブな結論を引き出す。②選択的抽出…明らかなことには目もくれず、ささいなネガティブなことを重視する。③過度の一般化…少しの経験から広範囲の結論を決めつけてしまう。④拡大解釈と過小評価…欠点は拡大解釈し長所は過小評価してしまう。⑤自己関連づけ…関係ない出来事も自分に関係づけてしまう。⑥二分割思考…物事に白黒をつけないと気がすまない。

●イメージ療法

恐怖や緊張を引き起こす特定の場面や、その場面での望ましい行動、気持ちをイメージし、それを繰り返し頭の中で再現することによって、恐怖や緊張を和らげ治療する方法です。神経症や習癖の治療のほか、スポーツや芸術の技能学習や、人前であがることの防止にも活用されています。実際のリハーサルができないときや、現実の場面では不安や緊張が生じてしまい、適切な行動が困難な場合に有効な方法です。

認知療法

●方法

① 抑うつ感情を持った状況を書き出す
② 否定的な気持ちを生んだ思考過程を書く
③ その思考過程がどの認知のゆがみの形式に当てはまるか考えて記入する
④ 最後に合理的な思考の仕方を考える

イメージ療法

●壺イメージ療法（田嶌誠一考案）

① クライエントに、心の中のことが少しずつ入っている壺または壺状の入れ物をいくつか思い浮かべてもらう
② その壺の中にちょっとずつ入ってみて、中での感じを少しだけ味わう
③ そのあとで居心地のよい順番をつけ、今度は中の感じを十分に味わってみる
④ 最後に壺から出て、壺にふたをし、適当な場所にしまうという心的作業を繰り返す

※問題にいっぺんに向き合わないで、少しずつ関わっていくというイメージ体験で、心にゆとりが生まれる

家族療法と芸術療法

病む家族のための療法・治療としての芸術

12-5

●家族療法

児童虐待や引きこもり、家庭内暴力など多くの問題が家族関係と深く関わっています。これらは暴力を振るっている特定の個人だけではなく、家族システム自体が病んでいるから生じるという見地に立って、セラピスト＝治療者が介入するのが、家族療法です。問題を起こしているもの＝ＩＰが子どもの場合、母親だけでなく父親とも面接したり、場合によっては生活をともにする家族全員の面接が必要となります。家族療法の治療目標は次の5つです。

①夫婦間の力が等しいパートナーシップの形成。②家族間にある境界を明瞭化する。③過去にとらわれず現在を見つめる。④個人の自立性を尊重する。⑤ユーモアのセンスを磨き、肯定的・積極的な感情を共有する。

●芸術療法

芸術が心を癒してくれることは知られていますが、心理的な治療過程においても絵を描くことなどは有効だとされています。これはユングが心理的に不安定になったとき、自分の内面を絵に描いたり、塔を作成したりして自己治癒したことが、芸術療法の発展に大きく影響しています。クライエントの作品を通して治療者とのコミュニケーションが促進されたり、作品の中に自分では気づかない自分が見えたり、感情を表現することによってカタルシス効果が得られたりします。

家族療法

●方法（カウンセラーの心得）

① 何が問題で、どれくらい続いてきたかを尋ねる
② この問題が家族にとってどんな意味を持つか確かめる
③ 症状のドラマを広げないようにする
④ 症状が家族に与えている影響を徐々に話題にしていく
⑤ 家族のコミュニケーションのパターンを言語や非言語面から観察する

※ 情報の把握によって支援方法が決まり、安定性を回復したときにカウンセリングは終結する

いろいろな芸術療法

●絵画療法

人物画法　樹木画法　家族画法　なぐり書き画法　風景構成法　自由画法など

●その他の芸術療法

音楽療法　俳句・連句療法　箱庭療法　陶芸療法　貼り絵療法　舞踏療法　心理劇　物語療法　写真療法　　など

12-6 精神科薬物療法・心身医学（心療内科）

薬による治療・全人的医療を目指す心身医学

●精神科薬物療法

精神疾患の治療のために薬物を投与することを「薬物療法」といいます。精神療法、生活療法と並んで、現在のさまざまな精神疾患の主要な治療法となっています。

1950年代にフランスのドゥレらが、フェノチアジン系のクロルプロマジンを統合失調症患者に投与して効果を上げたことから、欧米を中心にいろいろな精神症状に効果がある薬物が開発されました。これらの精神科治療薬は、「抗精神病薬」と総称されています。主として脳のドーパミン・ニューロンに作用して、精神機能や行動に変化をもたらし、幻聴や妄想の症状を改善します。

●心療内科

医学は長い間、心と身体の問題を別々に取り扱ってきました。しかし、ほとんどの病気にはストレスのような心理的・社会的要因が関与しています。これを解決する全人的医学をめざすのが「心身医学」であり、これを治療に応用したのが「心療内科」です。

日本では心身医学会の前身である「日本精神身体医学会」が1960年に設立され、1985年には認定医制度が発足しました。アメリカを主流とした行動医学と、ドイツを主流とした精神分析学・力動精神医学の両方を取り入れ、さらには東洋医学的な考えも吸収しようとしています。

向精神薬の分類

※向精神薬＝精神に作用する薬物

●**抗精神病薬**…統合失調症、双極性障害（躁うつ病）のそう状態、中毒にともなう精神病状態、器質性精神病（脳以外の身体疾患によって生じる精神障害）などの幻覚や妄想、興奮といった症状に作用する

●**抗うつ薬**…うつ病の抑うつ症状や、さまざまな抑うつ性気分障害を改善する薬物

●**抗不安薬**…精神安定剤と呼ばれるもの。不安障害や心身症の不安障害、うつ病などの精神疾患によって生じる不安や緊張、焦燥状態などに作用する

●**睡眠薬**…睡眠を誘発させ、持続させる薬物

●**気分安定薬**…双極性障害のそう状態・うつ状態の治療、再発予防に有効な薬物

●**精神刺激薬**…中枢刺激薬ともいい、大脳皮質を刺激して覚醒水準や意欲を上昇させるはたらきを持つ。ナルコレプシーやうつ病などに用いられる

心療内科とは

●**精神科との違い**

精神科は精神病や神経症などの精神疾患を取り扱うが、心療内科は主に心身症などの心因性の身体疾患を取り扱う

●**心療内科の受診例**

- 食欲がない（仮面うつ病）
- 頭痛がする（緊張型頭痛）
- 息苦しい（過換気症候群）
- ドキドキして乗り物に乗れない（パニック障害）
- 胸が苦しい（ストレス性の高血圧） など

12-7 心理学の知識を生かせる職業①

臨床心理士・認定心理士

●認定心理士

「認定心理士」とは、心理学の専門家として仕事をするために必要な心理学の標準的基礎学力と技能を修得していると、社団法人日本心理学会が認定している資格のことです。認定資格は次のようなものです。16歳以降通算2年以上日本国に滞在した経験を有する者。学校教育法に定められた大学、または大学院における心理学専攻、教育心理学専攻、または心理学関連専攻の学科において指定の科目を履修し、必要単位を修得し、卒業または修了した者、および、それと同等以上の学力を有すると認められた者。

●臨床心理士

カウンセラー、セラピストなどの心理学の専門家のうち、臨床心理学を学問基盤に持ち、財団法人日本臨床心理士資格認定協会が認定した者を、「臨床心理士」といいます。

原則として指定された大学院を修了（第1種指定大学院の場合）、あるいは終了後1年以上の臨床経験（第2種指定大学院の場合）を経て、臨床心理士資格試験に合格した場合に、認定資格が与えられます。試験には筆記試験と口述試験があります。

また、資格取得後も5年ごとに資格更新審査が行なわれ、心理臨床能力の維持発展のために、研修や研究が義務づけられています。この研修が一定のレベルを満たさない場合には資格を抹消されることになります。

心理学を生かせる職場

● **教育の分野**
地方自治体が設置する教育研究所・教育センター・教育相談室、大学の心理教育相談室・学生相談室、小・中・高校のスクールカウンセラーなど

● **私立の相談機関**
開業心理相談室、カウンセリングセンターなど

● **医療・保健の分野**
病院（精神科・心療内科・小児科などの臨床心理室）、精神保健福祉センター、保健所、リハビリテーションセンターなど

● **福祉の分野**
児童相談所、女性相談センター、更生相談所、身体障害者福祉センター、児童福祉施設など

● **司法、矯正の分野**
家庭裁判所、少年鑑別所、少年院、刑務所、警察関係の相談室、保護観察所、など

● **労働・産業の分野**
企業内の健康管理室や相談室、公共職業安定所、障害者職業センターなど

12-8

心理学の知識を生かせる職業②

学校心理士・精神保健福祉士

●学校心理士

いじめや不登校、非行、学習障害などさまざまな問題が起きている学校教育現場において、学校教育に関わる心理教育アセスメントやカウンセリングおよび学習・発達援助、教師、保護者、学校組織へのコンサルテーションなどの心理教育援助サービスを専門的に行なうのが、学校心理士です。

学校心理士の認定は、5つの連合学会と3つの連携学会から構成される、学会連合資格「学校心理士」認定運営機構が行なっています。学校や教育相談センターなどで、教師や医師、社会福祉関係の専門家らと協力しながら、学校や子どもたちの問題に取り組んでいます。

●精神保健福祉士

1997年に誕生した精神保健福祉領域のソーシャルワーカーで、社会福祉士、介護福祉士と同様、国家資格です。社会福祉学を学問的基盤にして、精神障害を抱えた人々に対する社会復帰や、社会参加支援に取り組んでいます。精神科医療機関では相談活動や、地域の諸機関と連携して退院後の生活になじむよう援助したりしています。社会福祉施設では、精神保健福祉士の配置が義務づけられており、社会復帰のために援助や支援をし、小規模作業所やグループホームでは精神障害者の生活を側面から援助しています。自治体、保健所、精神保健福祉センターでも、専門的な支援事業を行なっています。

学校心理士の資格条件

類型1 (1) 教員職員専修免許状を持ち、大学院の修士課程において、学校心理学に関する指定の7科目14単位以上修得し、その専修免許状に「学校心理学」が付記され、かつ、1年以上の学校心理学に関する専門的実務経験を有する人。(2) 大学院修士課程において、学校心理学に関する所定7科目14単位以上を修得し、1年以上の学校心理学に関する専門的実務経験を有する人。(3) 大学院在学中の人は、特例として、次の要件を満たしている場合に、「大学院修士課程修了見込み」として申請することができます。1) 申請時までに、学校心理学に関する所定の7科目の内、5科目10単位以上を修得していること。2) 第1の要件を満たした後、大学院入学後に1年以上の専門的実務経験を行うこと。但し、教員等の場合には、大学院入学直前5年間の学校心理学に関する専門的実務経験を当てることができる。3) 大学院修了までに残りの科目と単位の修得が予定されていること。

類型2　教員(幼・小・中・高校、特別支援学校、特別支援学級)または各学校の養護教諭として教育活動に従事するとともに学校心理学に関する専門的実務経験が5年以上ある人。

類型3　教育委員会、教育研究所、教育相談所、児童相談所等の専門機関で教育相談員などの専門職として、その仕事に5年以上の専門的実務経験がある人。＊但し、大学院修士課程で「学校心理学」の7科目のうち4科目以上修得・修了した人は、上記専門機関において2年以上の専門的実務経験があれば申請できます。

類型4　大学(短期大学含む)、大学院で、学校心理学関連の授業科目を担当または実習指導(専門的実務経験)をしており、かつ学校心理学に関する十分な研究実績(5編以上)がある人。専門的実務経験の必要年数は、類型3に準じます。

類型5　外国の大学院等において、学校心理学の専門的教育を受けた人。

精神保健福祉士の国家試験・受験資格

精神保健福祉士国家試験は、法令などにより次のいずれかに該当する者となっています。精神保健福祉法(平成９年法律第131号)(平成18年8月10日現在)
1．大学等で指定科目を履修した者(法第７条１号、第４号及び第７号)

受験資格		
学歴等		実務経験
大学卒業	指定科目履修	
大学院への飛び入学		
大学院修了		
4年制専修学校卒業 (修業年限4年以上の専門課程)		
3年生短期大学等卒業		実務経験1年以上
2年生短期大学等卒業		実務経験2年以上

12-9 心理学の知識を生かせる職業③

いろいろな職場で活躍している人びと

●産業カウンセラー

心理学を用いて働く人が抱える問題を、自らの力で解決できるように援助します。

●社会福祉主事

各種の行政機関で、地域の福祉サービスが必要な人のために援助や手続きを行ないます。

●精神保健福祉相談員

保健所や精神保健センターなどで、精神衛生に関する相談に応じたり、障害を持つ人を訪問して、指導や援助を行ないます。

●児童福祉士

公務員として児童相談所で、子どもの心身障害や養護相談に応じ、福祉施設への入所に関する調査や手続き、援助を行ないます。

●家庭相談員

県や市町村の非常勤職員として福祉事務所の家庭児童相談室に勤務し、児童の健全教育、非行や、障害児の相談や援助を行ないます。

●児童指導員

児童福祉施設で児童の生活指導や児童相談所の関連機関との連絡や調整を行ないます。

●生活支援員

心身障害者が利用する厚生施設や授産施設、高齢者施設で生活支援を行ないます。

●心理判定員

公務員として児童相談所で相談を受けた児童と保護者に対して、心理検査を用いた心理判定や面接、助言など心理学的な援助をします。

いろいろな職場で活躍している人びと

●産業カウンセラー

●社会福祉主事

●精神保健福祉相談員

●児童福祉士

●家庭相談員

●児童指導員

●生活支援員

●心理判定員

す

せ

そ

さ

し

き

く

け

こ

あ

い

う

え

お

か

参考文献

●心理学全般についてもっと知りたい人は…

「第14版ヒルガードの心理学」 スミス他　ブレーン出版

●心理学の歴史についてもっと知りたい人は…

「心理学史への招待」 梅本堯夫・大山正　サイエンス社

●心理学の研究法についてもっと知りたい人は…

「心理学研究法」 大山正・岩脇三良・宮埜壽夫　サイエンス社

●感覚と知覚の心理学についてもっと知りたい人は…

「視覚」 石口彰　新曜社

「聴覚・ことば」 重野純　新曜社

●学習と記憶の心理学についてもっと知りたい人は…

「学習心理学への招待：学習・記憶のしくみを探る」
篠原彰一　サイエンス社

●言語と思考の心理学についてもっと知りたい人は…

「思考（認知心理学4）」 市川伸一　東京大学出版会

●知能と創造性の心理学についてもっと知りたい人は…

「1冊でわかる知能」 ディアリ・松原達哉　岩波書店

●感情と欲求の心理学についてもっと知りたい人は…

「動機づけと情動」 デカタンザロ　協同出版

●性格の心理学についてもっと知りたい人は…

「性格の心理　ビッグファイブと臨床からみたパーソナリティー」
丹野義彦　サイエンス社

●発達の心理学についてもっと知りたい人は…

「ラーニングガイド児童発達の理論」 トーマス　新曜社

●心の病気とトラブル、心の健康についてもっと知りたい人は…

「自分のこころからよむ臨床心理学入門」 丹野義彦・坂本真士　東京大学出版会

【監修者略歴】

浜村良久（はまむら　よしひさ）

1955年1月30日生まれ。東京大学大学院人文科学研究科心理学専攻。

博士課程単位取得退学。修士（文学）。

現在、防衛大学校人間文化学科准教授、カウンセラー。

専攻は感情、欲求、ストレス、他者理解の心理学。「荘子」の心理学。

主な著書に『実験心理学』（東京大学出版会）、『ホーンブック心理学』（北樹出版）、『キーワードコレクション心理学』（新曜社）（以上、分担執筆）ほか、『動機づけと情動（現代基礎心理学選書5）』（協同出版／監訳）がある。

学校で教えない教科書

面白いほどよくわかる
心理学のすべて

*

平成19年7月25日　第1刷発行

監修者
浜村良久
発行者
西沢宗治
印刷所
誠宏印刷株式会社
製本所
大口製本印刷株式会社
発行所
株式会社日本文芸社
〒101-8407 東京都千代田区神田神保町1-7
TEL.03-3294-8931［営業］, 03-3294-8920［編集］
振替口座　00180-1-73081

*

※落丁・乱丁本などの不良品がありましたら、小社制作部宛にお送りください。
送料小社負担にておとりかえいたします。

ISBN978-4-537-25512-6
112070720-112070720Ⓝ01
編集担当・松下
URL　http://www.nihonbungeisha.co.jp